चर्चित एवं लोकप्रिय कहानियाँ,
"टॉलस्टॉय"

AF730167

चर्चित एवं लोकप्रिय कहानियाँ, "टॉलस्टॉय"

टॉलस्टॉय

प्रशान्त बुक डिस्ट्रीब्यूटर
दिल्ली-110002

टॉलस्टॉय

प्रकाशक	:	**प्रशान्त बुक डिस्ट्रीब्यूटर** रूम नं. 213, 7/28, महावीर स्ट्रीट, अंसारी रोड, दरियागंज, नई दिल्ली-110002
Email Id	:	prashantpbd@yahoo.co.in
दूरभाष	:	011-43586184 मो. 9811734184
प्रथम संस्करण	:	2024
ISBN	:	978-93-83963-38-6
मूल्य	:	550/-

अनुक्रम

1. परिचय 1
2. कितनी जमीन 5
3. तीन प्रश्नों के उत्तर 24
4. लोग कैसे जीते हैं? 29
5. क्षमादान 38
6. एक चिनगारी घर को जला देती है 46
7. दो वृद्ध पुरुष 56
8. ध्रुवनिवासी रीछ का शिकार 67
9. प्रेम में परमेश्वर 72
10. मनुष्य का जीवन आधार क्या है 78
11. मूर्ख सुमन्त 91
12. राजपूत कैदी 108
13. दयामय की दया 125
14. पांच, हाजी मुराद 127
15. झूठी दुनिया और पाखंडी लोग 135

16 गुठली 138
17 बोझ 140
18 तकरार 141
19 अंधे की लालटेन 142
20 आप का नजरिया ही आपका भविष्य तय करता है 143
21 सूरत का काफी हाउस 148
22 युद्ध और शांति 155
23 टालस्टॉय के ईश्वर 159
24 'लिटिल गर्ल्स वाइजर देन मैन' (वयस्कों से अधिक समझदार छोटी लड़कियां) 163
25 वॉट मेन लिव बाय' (इंसान किसके सहारे जीते हैं) 165
26 'हाऊ मच लैंड डज अ मैन नीड' (आखिर एक इंसान को कितनी जमीन की आवश्यकता होती है?) 167
27 'अ टाइनी स्पार्क कैन बर्न द हाऊस' (एक छोटी सी चिंगारी भी घर को जला सकती है) 169
28. अनमोल वचन 170

1

परिचय

लियो टॉलस्टॉय (Leo Tolstoy) उन्नीसवीं सदी के सर्वाधिक सम्मानित लेखकों में से एक हैं। उनका जन्म 9 सितंबर 1828 को रूस के एक संपन्न परिवार हुआ. उनका जन्म मास्को से लगभग 100 मील दक्षिण में स्थित रियासत ल्ेंदंल च्वसलंदं में हुआ था। इनके माता-पिता का देहांत बचपन में ही हो गया था।

अतः लालन-पालन इनकी चाची कात्याना ने किया। उच्चवर्गीय ताल्लुकदारों की भांति इनकी शिक्षा-दिक्षा के लिए सुदक्ष विद्वान नियुक्त थे। घुड़सवारी, शिकार, नाच-गान, ताश के खेल आदि विधाओं और कलाओं की शिक्षा इन्हे बचपन से ही मिल चुकी थी।

सन् 1844 में लियो टॉलस्टॉय कजान विश्वविद्यालय में दाखिल हुए और सन् 1847 तक उन्होंने पूर्वी भाषाओं और विधि संहिताओं का अध्ययन किया। रियासत के बंटवारे का प्रश्न उपस्थित हो जाने के कारण स्नातक हुए बिना ही इन्हें विश्वविद्यालय छोड देना पडा। रियासत में आकर इन्होंने अपने कृषक असामियों की दशा में सुधार करने के प्रयत्न किये।

सन् 1851 में लियो टॉलस्टॉय कुछ समय के लिए सेना में भी प्रविष्ट हुए थे। उनकी नियुक्ति कॉकेशस पर्वतीय कबीलों से होने वाली दीर्घकालीन लडाई में हुई, जहां अवकाश का समय वे लिखने-पढने में लगाते रहे. यहीं पर उन्हें अपनी प्रथम रचना 'चाईल्डहुड सन' 1852 में लिखी, जो एलटी के नाम दि कंटपोरेरी नामक पत्र में प्रकाशित हुई।

सन 1854 में लियो टॉलस्टॉय डेनयुग के मोर्चे पर भेजे गये, वहां से अपनी बदली उन्होंने सेबास्तोकोल में करा ली, जो क्रिमीयन युद्ध का सबसे तगड़ा मोर्चा, था, यहाँ उन्हें युद्ध और युद्ध के संचालकों को निकट से देखने का पर्याप्त अवसर मिला. इस मोर्चे पर वे अन्त तक रहे, इसी के परिणामस्वरूप उनकी रचना सेबास्तोकोल स्केचेज 1855-56 सामने आये।

सन 1855 में उन्होंने पिट्सबर्ग की यात्रा की जहां के साहित्यकारों ने इनका बड़ा सम्मान किया। सन् 1857 और सन् 1860-61 में इन्होंने पश्चिमी युरोप के विभिन्न देशों की यात्रा की. इसी यात्रा में उन्हें यक्ष्मा से पीड़ित अपने बड़े भाई की मृत्यु देखने को मिली. यात्रा से लौटकर उन्होंने अपने गांव Yasnaya Polyana में कृषकों के बच्चों के लिए एक स्कूल खोला जो सफल रहा। स्कूल की ओर से गांव के ही नाम पर Yasnaya Polyana नामक एक पत्रिका भी निकलती थी।

सन 1862 में लियो टॉलस्टॉय का विवाह "साफिया बेहज" नामक उच्चवर्गीय संभ्रान्त महिला से हुआ. उनके वैवाहिक जीवन का पूर्वांश तो बड़ा सुखद रहा पर उत्तरांश कटुतापूर्ण बिता। सन् 1863 से 1869 तक लियो टॉलस्टॉय का समय "War and Peace" की रचना में एवं सन् 1873 से 1876 तक का समय Anna Karenina की रचना में बिता। इन दोनों रचनाओं में लियो टॉलस्टॉय की साहित्यिक ख्याति को बहुत उंचा उठाया। सन् 1875 से 1879 तक का समय उनके लिए बडा निराशाजनक था, ईश्वर पर से उनकी आस्था तक उठ चुकी थी और वे आत्महत्या तक करने पर उतारू हो गये थे। पर अन्त में उन्होंने इस पर विजय पाई. उन्होंने सन् 1878-79 में A Confession नामक अपनी विवादपूर्ण कृति की रचना की, उनकी महान रचना The Death of Evil सन् 1886 में प्रकशित हुई।

19वीं सदी का अन्त होते-होते दरिद्रों और असहायों के प्रति लियो टॉलस्टॉय की सेवावृत्ति यहां तक बढ़ी कि उन्होंने अपनी रचनाओं से रूस देश में होने वाली अपनी समस्त आय दान कर दी. अपनी पत्नी को उन्होंने मात्र उतना अंश लेने की अनुमति दी जितना परिवार के भरण-पोषण के लिए अनिवार्य था।

सन 1910 में सहसा उन्होंने अपने पेतृक गांव Yasnaya Polyana को सर्वदा के लिए छोड़ने का निश्चय किया। 22 नवंबर 1910 को अपनी यात्रा के दौरान मार्ग के एक स्टेशन ऐस्टापोवो में तबीयत बिगड़ने से उनका देहांत हो गया। इस तरह लियो टॉलस्टॉय ने अपना जीवन व्यतीत किया।

प्रेरक प्रसंग

रूस के प्रसिद्ध लेखक लियो टॉलस्टॉय (Leo Tolstoy) को एक बार अपना काम-काज देखने के लिए एक आदमी की जरुरत पड़ी। इस बारे में उन्होंने अपने कुछ मित्रों से भी कह दिया कि यदि उनकी जानकारी में कोई ऐसा व्यक्ति हो तो उसे भेजें।

कुछ दिनों बाद एक मित्र ने किसी को उनके पास भेजा। वह काफी पढ़ा लिखा था और उसके पास कई प्रकार के सर्टिफिकेट और डिग्रियां थी। वह व्यक्ति टॉलस्टॉय से मिला, लेकिन तमाम डिग्रियां होने के बावजूद टॉलस्टॉय ने उसे नौकरी पर नहीं रखा, बल्कि एक अन्य व्यक्ति जिसके पास ऐसी कोई डिग्री नहीं थी उसका चयन कर लिया। क्या मैं इसकी वजह जान सकता हूँ? -मित्र ने पूछा।

टॉलस्टॉय ने बताया-" मित्र, जिस व्यक्ति का मैंने चयन किया है उसके पास तो अमूल्य प्रमाणपत्र हैं, उसने मेरे कमरे में आने के पूर्व मेरी अनुमति मांगी। दरवाजे पर रखे गए डोरमैट (door mat) पर जूते साफ करके रूम में प्रवेश किया। उसके कपड़े साधारण, लेकिन साफसुथरे थे। मैंने उससे जो प्रश्न किये उसके उसने बिना घुमाए-फिराए संक्षिप्त उत्तर दिए और अंत में मुलाकात पूरी होने पर वह मेरी इजाजत लेकर

नम्रतापूर्वक वापस चला गया। उसने कोई खुशामद नहीं की, ना किसी की सिफारिस लाया, अधिक पढ़ा-लिखा ना होने के बावजूद उसे अपनी काबिलियत पर विश्वास था, इतने सारे प्रमाणपत्र बहुत कम लोगों के पास होते हैं।

और तुमने जिस व्यक्ति को भेजा था उसके पास इनमे से कोई भी प्रमाणपत्र नहीं था, वह सीधा ही कमरे में चला आया, बिना आज्ञा कुर्सी पर बैठ गया और अपनी काबिलियत की जगह तुमसे जान-पहचान के बारे में बताने लगा, तुम्ही बताओं, उसकी इन डिग्रियों की क्या कीमत है?”

मित्र टॉलस्टॉय की बात समझ गया, वह भी असल प्रमाणपत्रों की महत्ता जान चुका था।

2

कितनी जमीन

दो बहने थी। बड़ी का कस्बे में एक सौदागर से विवाह हुआ था। छोटी देहात में किसान के घर ब्याही थी।

बड़ी का अपनी छोटी बहन के यहां आना हुआ। निबटकार दोनों जनी बैठीं तो बातों का सूत चल पड़ा। बड़ी अपने शहर के जीवन की तारीफ करने लगी, देखो, कैसे आराम से हम रहते हैं। फैंसी कपड़े और ठाठ के सामान! स्वाद-स्वाद की खाने-पीने की चीजें और फिर तमाशे-थियेटर, बाग-बगीचे!

छोटी बहन को बात लग गई। अपनी बारी पर उसने सौदागर की जिंदगी को हेय बताया और किसान का पक्ष लिया। कहा, मैं तो अपनी जिंदगी का तुम्हारे साथ अदला-बदला कभी न करूं। हम सीधे-सादे और रुखे-से रहते हैं तो क्या, चिंता-फिकर से तो छूटे हैं। तुम लोग सजी-धजी रहती हो, तुम्हारे यहां आमदनी बहुत है, लेकिन एक रोज वह सब हवा भी हो सकता है, जीजी। कहावत है ही हानि-लाभ दोई जुड़वा भाई। अक्सर होता है कि आज तो अमीर है कल वही टुकड़े को मोहताज है। पर हमारे गांव के जीवन में यह जोखिम नहीं है। किसानी जिंदगी फूली

और चिकनी नहीं दीखती तो क्या, उमर लंबी होती है और मेहनत से तन्दुरुस्ती भी बनी रहती है। हम मालदार न कहलायेगेः लेकिन हमारे पास खाने की कमी भी कभी न होगी।

बड़ी बहन ने ताने से कहा, बस-बस, पेट तो बैल और कुत्ते का भी भरता है। पर वह भी कोई जिंदगी है? तुम्हें जीवन के आराम, अदब और आनन्द का क्या पता है? तुम्हारा मर्द जितनी चाहे मेहनत करे, जिस हालत में तुम जीते हो, उसी हालत में मरोगे। वहीं चारों तरफ गोबर, भुस, मिट्टी! और यही तुम्हारे बच्चों की किस्मत में बदा है।

छोटी ने कहा, तो इसमें क्या हुआ! हां, हमारा काम चिकना-चुपड़ा नहीं हैं, लेकिन हमें किसी के आगे झुकने की भी जरूरत नहीं है। शहर में तुम हजार लालच से घिरी रहती हो। आज नहीं तो कल की क्या खबर है! कल तुम्हारे आदमी को पाप का लोभ जुआ, शराब और दूसरी बुराइयां फंसा सकते हैं, तब घड़ी भर में सब बरबाद हो जायगा। क्या ऐसी बातें अक्सर होती नहीं हैं?

घर का मालिक दीना ओसारे में पड़ा औरतों की यह बात सुन रहा था। उसने सोचा कि बात तो खरी है। बचपन से मां धरती की सेवा में हम इतने लगे रहते हैं कि कोई व्यर्थ की बात हमारे मन में घर नहीं कर पाती है। बस, है तो मुश्किल एक। वह यह कि हमारे पास जमीन काफी नहीं है। जमीन खूब हो तो मुझे किसी का परवा न रहे, चाहे शैतान ही क्यों न हो!

वहीं कोने में शैतान दुबका बैठा था। उसने सबकुछ सुना। वह खुश था किसान की बीवी ने गांव की बड़ाई करके अपने आदमी को डींग पर चढ़ दिया। देखो न, कहता था कि जमीन खूब हो तो फिर चाहे शैतान भी आ जाय, तो परवा नहीं।

शैतान ने मन में कहा कि अच्छा हजरत, यही फैसला सही। मैं तुमको काफी जमीन दूंगा और देखना है कि उसी से तुम मेरे चंगुल में होते हो कि नहीं।

गांव के पास ही जमींदारी की मालकिन की कोठी थी। कोई तीन सौ एकड़ उनकी जमीन थी। उनके अपने आसामियों के साथ बड़े अच्छे

सम्बन्ध रहते आये थे लेकिन उन्होंने एक कारिन्दा रक्खा, जो पहले फौज में रहा था। उसने आकर लोगों पर जुर्माने ठोकरे शुरू कर दिये।

दीना का यह हाल था कि वह बहुतेरा करता, पर कभी तो उसका बैल जमींदारी की चरी में पहुंच जाता, कभी गाय बगिया में चरती पाई जाती और नहीं तो उनकी रखाई हुई घास में बछिया-बछड़ा ही जा मुंह मारते। हर बार दीना को जुर्माना उठाना पड़ता। जुर्माना तो वह देता, पर बेमन से। वह कुनमुनाता और चिढ़ा हुआ-सा घर पहुंचता और अपनी सारी चिढ़ घर में उतारता। पूरे मौसम कारिंदे की वजह से उसे ऐसा त्रास भुगतना पड़ा।

अगले जाड़ों में गांव में खबर हुई कि मालकिन अपनी जमीन बेच रही हैं और मुंशी इकरामअली से सौदे की बातचीत चल रही है। किसान सुनकर चौकन्ने हुए। उन्होंने सोचा कि मुंशीजी की जमीन होगी तो वह जमींदार के कारिन्दे से भी ज्यादा सख्ती करेंगे और जुर्माने चढ़ावेंगे और हमारी तो गुजर-बसर इसी जमीन पर है।

यह सोचकर किसान मालकिन के पास गये। कहा कि मुंशीजी को जमीन न दीजिए। हम उससे बढ़ती कीमत पर लेने को तैयार हैं। मालकिन राजी हो गईं।

तब किसानों ने कोशिश की कि मिलकर गांव-पंचायत की तरफ से वह सब जमीन पर जा बसे ताकि वह सभी की बनी रहे। दो बार इस पर विचार करने को पंचायत जुटी पर फैसला न हुआ। असल में शैतान की सब करतूत थी। उसने उनके बीच फूट डाल दी थी। बस, तब वे मिलकर किसी एक मत पर आ ही नहीं सके। तय हुआ कि अलग-अलग करके ही वह जमीन ले ली जाय। हर कोई अपने बित्ते के हिसाब से ले। मालकिन पहले की तरह इस बात पर भी राजी हो गई।

इतने में दीना को मालूम हुआ कि एक पड़ोसी इकट्ठी पचास एकड़ जमीन ले रहा है और जमींदारिन राजी हो गई हैं कि आधा रुपया अभी नकद ले लें, बाकी साल भर बाद चुकता हो जायगा।

दीना ने अपनी स्त्री से कहा कि और जने जमीन खरीद रहे हैं। हमें भी बीस या इतने एकड़ जमीन ले लेनी चाहिए। जीना वैसे भार हो रहा है और वह कारिंदा जुर्माने-पर-जुर्माने करके हमें बरबाद ही कर देगा।

उन दोनों ने मिलकर विचार किया कि किस तरकीब से जमीन खरीदी जाय। सौ कलदार तो उनके पास बचे हुए रखे थे। एक उन्होंने उमर पर आया अपना बछड़ा बेच डाला। कुछ माल बंधक रक्खा। अपने बड़े बेटे को मजदूरी पर चढ़ाकर उसकी नौकरी के मद्दे कुछ रुपया पेशगी ले लिया। बाकी बचा अपनी स्त्री के भाई से उधार ले लिया। इस तरह कोई आधी रकम उन्होंने इकट्ठी कर ली।

इतना करे दीना ने एक चालीस एकड़ जमीन का टुकड़ा पसंद किया, जिसमें कुछ हिस्से में दरख्त भी खड़े थे। मालकिन के पास उसका सौदा करने पहुंचा। सौदा पट गया ओर वहीं-के-वहीं नकद उसने साई दे दी। फिर कस्बे में जाकर लिखा-पढ़ी पक्की कर ली।

अब दीना के पास अपनी निजी जमीन थी। उसने बीज खरीदा और इसी अपनी जमीन पर बोया, इस तरह वह अब खुद जमींदार हो गया।

इस तरह दीना काफी खुशहाल था। उसके संन्तोष में कोई कमी न रहती। अगर बस पड़ोसियों की तरफ से उसे पूरा चैन मिल सकता। कभी-कभी उसे खेतों पर पड़ोसियों के मवेशी आ चरते। दीना ने बहुत विनय के साथ समझाया, लेकिन कुछ फर्क नहीं हुआ। उसके बाद और-तो-और, घोसी छोकरे गांव की गायों को दिन-दहाड़े उसकी जमीन में छोड़ देने लगे। रात को बैल खेतों का नुकसान करते। दीना ने उनको बार-बार निकलवाया और बार-बार उसने उनके मालिकों को माफ किया। एक अर्से तक वह धीरज रक्खे रहा और किसी के खिलाफ कार्रवाई नहीं की। लेकिन कब तक? आखिर उसका धीरज टूट गया और उसने अदालत में दरख्वास्त दी। मन में जानता तो था कि मुसीबत की वजह असली यह है कि और लोगों के पास जमीन की कमी है, जान-बूझकर दीना की सताने की मंशा किसी की नहीं है। लेकिन उसने सोचा कि इस तरह मैं नरमी दिखाता जाऊंगा, तो वे लोग शह पाते जायंगे और मेरे पास जितना है सब बरबाद कर देंगे। नहीं उनको एक सबक सिखाना चाहिए।

सो उसने ठान ली। एक सबक दिया, दूसरा। नतीजा यह कि दो-तीन किसानों पर अदालत से जुर्माना हो गया। इस पर तो पास-पड़ोस के लोग दीना से कीना रखने लगे। अब कभी-कभी जान-बूझकर भी तंग

करने के लिए अपने मवेशी उसके खेतों में छोड़ देते। एक आदमी गया और उसे जरूरत अगर घर में ईंधन की थी, तो उसने रात में जाकर सात पूरे शीशम के दरख्त काट गिराये। दीना ने सवेरे घूमते हुए देखा कि पेड़ कटे हुए पड़े है। वे धरती से सटे हैं और उनकी जगह खड़े ठूंठ मानो दीना को चिढ़ा रहे हैं। देखकर उसको तैश आ गया।

उसने सोचा कि अगर दुष्ट ने एक यहां का तो दूसरा दूर का पेड़ काटा होता तो भी गनीमत थी। लेकिन कम्बख्त ने आसपास के सब पेड़ काटकर बगिया को वीरान करे दिया। पता लगे तो खबर लिये बिना न छोड़ूं। उसने जानने के लिए सिर खुजलाया कि यह करतूत किसकी हो सकती है। आखिर तय किया कि हो-न-हो, यह धुन्नू होगा और कोई ऐसा नहीं कर सकता। यह सोच धुन्नू की तरफ गया कि शायद कुछ सबूत मिल जाय, लेकिन वहां कुछ चोरी का सबूत मिला नहीं और आपस में कहा-सुनी और तेजा-तेजी के सिवा कुछ नतीजा न निकला। तो भी उसे मने में पक्का विश्वास हो गया कि धुन्नू ने यह किया है और जाकर रपट लिखा दी। धुन्नू की पेशी हुई, मामला चला। एक अदालत से दूसरी अदालत हुई। आखिर में धुन्नू बरी हो गया, क्योंकि कोई सबूत और गवाह ही नहीं थे। दीना इस बात पर और भी झल्ला उठा और अपना गुस्सा मजिस्ट्रेट पर उतारने लगा।

इस तरह दीना का अपने पड़ोसियों और अफसरों से मनमुटाव होने लगा, यहां तक कि उसे घर में भी आग लगाने की बातें सुनी जाने लगीं। हालांकि दीना के पास अब जमीन ज्यादा थी और जमींदारों में उसकी गिनती थी, पर गांव में और पंचों में पहला-सा उसका मान न रह गया था।

इसी बीच अफवाह उड़ी कि कुछ लोग गांव छोड़-छोड़कर कहीं जो रहे हैं।

दीना ने सोचा कि मुझे तो अपनी जमीन छोड़ने की जरूरत है ही नहीं। लेकिन और कुछ लोग अगर गांव छोड़ेंगे तो चलो, गांव में भीड़ ही कम होगी। मैं उनकी जमीन खुद ले लूंगा। तब ज्यादा ठीक रहेगा। अब तो जमीन की कुछ तंगी मालूम होती है।

एक दिन दीना घर के ओसारे में बैठा हुआ था कि एक परदेसी-सा किसान उधर से गुजरता हुआ उसके घर उतरा। वह वहां रात-भर ठहरा और खाना भी वहीं खाया। दीना ने उससे बातचीत की कि भाई, कहां से आ रहे हो? उसने कहा दरिया सतलज के पास से आ रहा हूं। वहां बहुत काम है। फिर एक में से दूसरी बात निकली और आदमी ने बताया कि उस तरफ नई बस्ती बस रही है। उसे अपने गांव के कई और लोग वहां पहुंचे हैं। वे सोसायटी में शामिल हो गये हैं और हरेक को बीस एकड़ जमीन मुफ्त मिली है। जमीन ऐसी उम्दा है कि उस पर गेहूं की पहली फसल जो हुई तो आदमी से ऊंची उसी बालें गईं और इतनी घनी कि दरांत के एक काट में एक पूला बन जाय। एक आदमी के पास खाने को दाने न थे। खाली हाथ वहां पहुंचा। अब उसके पास दो गायें, छः बैल और भरा खलिहान अलग।

दीना के मन में भी अभिलाषा पैदा हुई। उसने सोचा कि मैं यहां तंग संकरी-सी जगह में पड़ा क्या कर रहा हूं, जबकि दूसरी जगह मौका खुला पड़ा है। यहां की जमीन, घर-बार बेच-बाचकर नकदी बना वहीं क्यों न पहुंचूं और नये सिरे से शुरू करके देखूं? यहां लोगों की गिचपित हुई जाती है। उससे दिक्कत होती है और तरक्की रुकती है, लेकिन पहले खुद जाकर मालूम कर आना चाहिए कि क्या बात है, सो बरसात के बाद तैयारी करे वह चल दिया। पहले रेल में गया। फिर सैकड़ों मील बैलगाड़ी पर और पैदल सफर करता हुआ सतलज के पारवाली जगह पर पहुंचा। वहां देखा कि जो उस आदमी ने कहा था, सब सच है। सबके पास खूब जमीन है। हरेक को सरकार की तरफ से बीस-बीस एकड़ जमीन मिली हुई है, या जो चाहे खरीद सकता है और खूबी यह कि कौड़ियों के मोल जितनी चाहे, जमीन और भी ले सकता है।

सब जरूरी बातें मालूम करे दीना जाड़ों से पहले-पहल घर लौट आया। आकर देश-छोड़ने की बात सोचने लगा। नफे के साथ उसने सब जमीन बेच डाली। घर-मकान, मवेशी-डंगर सबकी नकदी बना ली और पंचायत से इस्तीफा दे दिया और सारे कुनबे को साथ ले सतलज-पार के लिए रवाना हो गया।

दीना परिवार के साथ उस जगह पहुंच गया। जाते ही एक बड़े गांव की पंचायत में शामिल होने की अर्जी दी। पंचों की उसने खूब खातिर की और दावतें दीं। जमीन का पट्टा उसे सहज मिल गया। मिली-जुली जमीन में से उसे और उसके बाल-बच्चों के इस्तेमाल के लिए पांच हिस्से यानी सौ एकड़ जमीन उसको दे दी गई। वह सब इकट्ठी नहीं थी, कई जगह टुकड़े थे। अलावा इसके पंचायती चरागाह भी उसके लिए खुला कर दिया गया। दीना ने जरूरी इमारतें अपने लिए खड़ी कीं और मवेशी खरीद लिये। शामलात जमीन में से ही अब उसको इतना मिल गया था कि पहले से तिगुनी और जमीन उपजाऊ थी। वह पहले से कई गुना खुशहाल हो गया। उसके पास चराई के लिए खुला मैदान-का-मैदान पड़ा था और जितने चाहे वह ढोर रख सकता था।

पहले तो वहां जमने और मकान-वकान बनवाने का उसे रस रहा। वह अपने से खुश था और उसे गर्व मालूम होता था। पर जब वह इस खुशहाली का आदी हो गया तो उसे लगने लगा कि यहां भी जमीन काफी नहीं है, और होती तो अच्छा था। पहले साल उसने गेहूं बुवाया और जमीन ने अच्छी फसल दी। वह फिर गेहूं ही बोते जाना चाहता था, पर उसे लिए और पड़ती जमीन काफी न थी। जो एक बार फसल दे चुकती थी, वह उसे तरफ एक साथ दोबारा गेहूं नहीं देती थी। एक या दो साल उससे गेहूं ले सकते थे, फिर जरूरी होता था कि धरती को आराम दिया जाय। बहुत लोग ऐसी जमीन चाहनेवाले थे, लेकिन सबके लिए आती कहां से? इससे बदाबदी और खींचातानी होती थी। जो संपन्न थे, वे गेहूं उगाने के लिए जमीन चाहते थे। जो गरीब थे, वे अपनी जमीन से जैसे-तैसे पैसा वसूल करना चाहते थे, ताकि टैक्स वगैरा अदा कर सकें। दीना और गेहूं बोना चाहता था। इसलिए एक साल के लिए किराये पर उसने और जमीन ले ली। खूब गेहूं बोया और फसल भी खूब हुई। लेकिन जमीन गांव से दूर पड़ती थी और गल्ला मीलों दूर से गाड़ी में भर-भरकर लाना होता था। कुछ दिनों बाद दीना ने देखा कि कुछ बड़े-बड़े लोग अलग फार्म डाल कर रहते हैं और वह खूब पैसा कमा रहे हैं। उसने सोचा

कि आगर मैं इकट्ठी कायमी जमीन ले लूं और वहीं घर बसाकर रहूं तो बात ही दूसरी हो जाय।

इस तरह इकट्ठी और कायमी जमीन खरीदने का सवाल बार-बार उसके मन में उठने लगा।

तीन साल इस तरह निकल गये। दीना जमीन किराये पर लेता और गेहूं बोता। मौसम ठीक गये, काश्त अच्छी हुई और उस पास माल जमा होने लगा। वह इसी तरह संतोष से बढ़ता जा सकता था, लेकिन हर साल और लोगों से जमीन किराये पर लेने और उसके लिए कोशिश और सिरदर्दी करने के काम से वह थक गया था। जहां जमीन अच्छी होती, वहीं लेने वाले दौड़ पड़ते। इससे बहुत चौकस-चौकना और होशियार न रहा जाता तो जमीन मिलना असंभव था। यह एक परेशानी की बात थी। तिसपर तीसरे साल ऐसा हुआ कि दीना ने एक महाजन के साझे में कुछ काश्तकारों से एक जमीन किराये में ली। जमीन गोड़ कर तैयार हो चुकी थी कि कुछ आपस में तनातनी हो गई और किसान लोग झगड़ा लेकर अदालत पहुंचे। अदालते से फिर मामला बिगड़ गया और की-कराई मेहनत बेकार गई।

दीना ने सोचा कि अगर कहीं जमीन मेरी कायमी मिल्कियत की होती तो मैं आजाद होता और क्यों यह पचड़ा बनता और बखेड़ बढ़ता?

उस दिन से वह जमीन के लिए निगाह रखने लगा। आखिर एक किसान मिला, जिसने एक हजार एकड जमीन खरीदी थी, लेकिन पीछे उसकी हालत संभल न सकी। अब मुसीबत में पड़कर वह उसे सस्ती देने को तैयार था। दीना ने बात उससे चलाई और सौदा करना शुरू किया। आदमी मुसीबत में था, इससे दीना भाव-दर में कमी करने लगा। आखिर कीमत एक हजार रुपये तय पाई। कुछ नगद दे दिया जाय, बाकी फिर। सौदा पक्का हो गया था कि एक सौदागर अपने घोड़े के दाने-पानी के लिए उसे घर के आगे ठहरा। उससे दीना की बातचीत जो हुई तो सौदागर ने कहा कि मैं नर्मदा नदी के उस पार से चला आ रहा हूं। वहां 1500 एकड़ उम्दा जमीन कुल पांच सौ रुपये में मैंने खरीदी थी। सुनकर दीना ने उससे और सवाल पूछे। सौदागर ने कहाः

"बात यह है कि अफसर-चौधरी से मेल-मुलाकात करने का हुनर चाहिए। सौ से ज्यादा रुपये तो मैंने रेशमी कपड़े और गलीचे देने में खर्च किये होंगे। फिर शराब, फल-मेवों की डालियां, चाय-सेट वगैरा के उपहार अलग। नतीजा यह कई फी एकड़ मुझे जमीन आनों के भाव पड़ गई। कहकर सौदागर ने अपने दस्तावेज सब दीना के सामने कर दिये।

फिर कहा, जमीन ऐन नदी के किनारे है और सारे-का-सारा किता इकट्ठा है। उपजाऊ इतना कि क्या पूछो।"

दीना ने इस पर उत्सुकतापूर्वक सौदागर से सवाल-पर-सवाल किये। उसने बतायाः

"वहां इतनी जमीन है, इतनी कि तुम महीनों चलो तो पूरी न हो। वहां के लोग ऐसी सीधे हैं, जैसे भेड़ और जमीन समझो, मुफ्त के भाव ले सकते हो।

दीना ने सोचा, यह ठीक रहेगा। भला मैं अब हजार एकड़ के लिए हजार रुपया क्यों फंसाऊं?

अगर वहां जाकर इतना रुपया जमीन में लगाऊं, तो यहां से कई गुनी ज्यादा जमीन मुझे पड़ जायगी।

दीना ने पूछताछ की कि उस जगह कैसे जाया जाय? सौदागर ने सब बतला दिया। वह चला गया तो दीना ने भी अपनी तैयारी शुरू की। बीवी को कहा कि घर देखना-भालना और खुद एक आदमी साथ ले, यात्रा को निकल पड़ा। रास्ते में एक शहर में ठहरकर, वहां से चाय के डब्बे, शराब और इसी तरह और उपहार की चीजें, जो सौदागर ने बताई थीं, ले लीं। फिर दोनों बढ़ते गये, बढ़ते गये। चलते-चलते आखिर सातवें रोज वहां पहुंचे, जहां से कोल लोगों की बस्ती शुरू होती थी। उसने देखा कि सौदागर ने जो बात बताई थी, वह सही थी। दरिया के पास जमीन-ही-जमीन थी। सब खाली। ये लोग उससे काम न लेते थे। कपड़े या सिरकी के तम्बू में रहते, शिकार करते, मवेशी पालते और ऐसे ही मौज करते थे। न रोटी बनाना जानते थे, न अनाज उगाना सीखा था। दूध का छाछ-मठा बनाते, पनीर बनाते और उसी एक तरह की शराब भी

तैयार कर लेते थे। ये सब काम औरतें करती। मर्द खाने-पीने और फुर्सत के वक्त चैन की बंसी बजाने में रहते। वे लोग मजबूत और स्वस्थ थे और काम-धाम के नाम बिना कुछ किये मगन रहते थे।

अपने से बाहर उन्हें कुछ पता न था। पढ़ना-लिखना जानते नहीं थे और हिन्दी तक नहीं जानते थें पर थे भले-सीधे स्वभाव के। दीना को देखते ही वे अपने तम्बुओं से निकल आये और उसके चारों तरफ जमघट लगाकर खड़े हो गये। उनमें से एक दुभाषिये की मार्फत दीना ने बताया कि मैं जमीन की खातिर आया हूं। वे लोग बड़े खुश मालूम हुए। बड़ी आवभगत के साथ वे उसे अपने अच्छे-स-अच्छे डेरे में ले गये। वहां कालीन पर बिछे गद्दे पर बिठाया ओर खुद नीचे चारों ओर घिसकर बैठ गये। उसे पीने को चाय दी और दारु भी। उसकी मेहमानी में बढ़-बढ़कर दावत हुई। दीना ने भी गाड़ी में से अपने पास से भेंट की चीजें निकाली और सबको थोड़ी-थोड़ी चाय बांटी। कोल लोग बड़े खुश थे। उन्होंने आपस में इए अजनबी की बाबत खूब चर्चा की। फिर दुभाषिये से कहा कि मेहमान को सब समझा दो।

दुभाषिये ने कहा कि ये लोग कहना चाहते हैं कि हम आपके आने से खुश हैं। हमारे यहां का कायदा है कि मेहमान की खातिर जो हमसे बन सके, करें। आपकी कृपा के हम कृतज्ञ हैं। बतलाइए कि हमारे पास कौन-सी चीज है, जो आपको सबसे पसंद हैं, ताकि हम उसीसे आपकी खातिर कर सकें।

दीना ने जवाब दिया कि जिस चीज को देखकर मैं बहुत खुश हूं, वह आपकी जमीन है। हमारे यहां जमीन की कमी है और वह उपजाऊ भी इतनी नहीं होती, लेकिन यहां उसका कोई पार नहीं है और वह जमीन उपजाऊ भी खूब है। मैंने तो अपनी आंखों से यहां-जैसी धरती दूसरी देखी नहीं।

दुभाषिये ने दीना की बात अपने लोगों को समझा दी। कुछ देर वे आपस में सलाह करते रहे। दीना समझ नहीं सकता कि वे क्या कह रहे हैं। लेकिन उसने देखा कि वे बहुत खुश मालूम होते हैं, बड़े हंस रहे हैं

और जोर-जोर से बोल रहे हैं। अनंतर वे चुप हुए और दीना की तरफ देखने लगे।

फिर आपस में बात करने लगे। मालूम पड़ा कि जैसे उनमें कुछ दुविधा है। दीना ने पूछा कि उन लोगों में अब किस बात की अटक है। दुभाषिये ने बताया कि उनमें कुछ की राय है कि सरदार से जमीन देने के बारे में और पूछ लेना चाहिए, गैर-हाजिरी में कुछ कर डालना ठीक नहीं है। दूसरों का खयाल है कि इस बात में सरदार के लौटने की राह देखने की जरूरत नहीं है, जरा-सी तो बात है।

यह विवाद चल रहा था कि एक आदमी बड़ी-सी बालदार टोपी पहने वहां आ पहुंचा। सब चुप होकर उसके संम्मान में खड़े हो गये। दुभाषिये ने कहा कि यही हमारे सरदार है।

दीना ने फौरन अपने सामान में से एक बढ़िया लबाद निकाला और चाय का एक बड़ा डिब्बा और अन्य चीजें सरदार को भेंट कीं। सरदार ने भेंट स्वीकार की और अपने आसन पर आ बैठा। बैठते ही कोल लोगों ने उससे कुछ कहना शुरू किया। सरदार कुछ देर सुनता रहा, फिर उसने उन्हें चुप रहने का इशारा किया। उसके बाद दीना की तरफ मुखातिब होकर हिन्दुस्तानी में कहाः

इन भाइयों ने जो कहा, ठीक है। जितनी जमीन चाहे चुन लो। हमारे यहां उसका घाटा नहीं है।

दीना ने सोचा कि मैं मनचाहे जितनी जमीन कैसे ले सकता हूं। पक्का करने के लिए दस्तावेज वगैरा भी तो चाहिए, नहीं तो जैसे आज इन्होंने कह दिया कि यह तुम्हारी है, पीछे वैसे ही उसे ले भी सकते हैं।

प्रकट में उसने कहा, आपकी दया के लिए मैं कृतज्ञ हूं। आपके पास बहुत धरती है और मुझे थोड़ी-सी चाहिए। लेकिन मुझे भरोसा होना चाहिए कि मेरा अपना छोटा टुकड़ा कौन-सा है और यह कि वह मेरा ही है। क्या ऐसा नहीं हो सझता कि जमीन को नाप लिया जाय और उतना टुकड़ा फिर मेरे हवाले कर दिया जाय? मरना-जीना ईश्वर के हाथ है और संसार में यही चक्कर चलता है। आप दयावान लोग तो मुझे यह देते हैं, पर हो सझता है कि पीछे आपकी औलाद उसीको वापस ले लेना चाहे तब?

सरदार ने कहा, तुम्हारी बात ठीक है। जमीन तुम्हारे हवाले ही कर दी जायगी।

दीना ने कहा, सुना है, यहां एक सौदागर आया था। उसको भी आपने जमीन दी थी और उस बाबत कागज पक्का कर दिया था। वैसे ही मैं चाहता हूं कि कागज पक्का हो जाय।

सरदार समझ गया।

बोला, हां, जरुर। यह तो आसानी से हो सकता है। हमारे यहां एक मुंशी है, कस्बे में चलकर लिखा-पढ़ी पक्की कर ली जायगी और रजिस्ट्री हो जायगी।

दीना ने पूछा, कीमत की दर क्या होगी?

हमारी दर तो एक ही है। एक दिन के एक हजार रुपये।

दीना समझा नहीं। बोला, दिन! दिन का हिसाब यह कैसा है? यह बताइये कितने एकड़?

सरदार ने कहा, यह सब गिनना-गिनाना हमसे नहीं होता। हम तो दिन कि हिसाब से बेचते हैं, जितनी जमीन एक दिन में पैदल चलकर तुम नाप डालो, वही तुम्हारी और कीमत है ही दिनभर की एक हजार।

दीना अचरज में पड़ गया। कहा, एक दिन में तो बहुत-सी जमीन को घेरा जा सकता है।

सरदार हंसा। बोला, हां, क्यों नहीं। बस, वह सब तुम्हारी। लेकिन एक शर्त है। अगर तुम उसी दिन, उसी जगह न आ गये, जहां से चले थे, तो कीमत जब्त समझी जायगी।

लेकिन मुझे पता कैसे चलेगा कि मैं इस जगह से चला था।

क्यों, हम सब साथ चलेंगे और जहां तुम ठहरने को कहोगे, ठहरे रहेंगे। उस जगह से शुरू करना और वहीं लौट आना। साथ फावड़ा ले लेना। जहां जरूरी सूमझा, निशान लगा दिया। हर मोड़ पर एक गड्ढा किया और उस पर घास को जरा ऊंचा चिन दिया। पीछे फिर हमलोग चलेंगे और हल से इस निशान से उस निशान तक हदबन्दी खींच देंगे। अब दिन भर में जितना चाहो, बडे-से-बड़े चक्कर तुम लगा सकते हो।

पर सूरज छिपने से पहले जहां से चले थे, वहां आ पहुंचना। जितनी जमीन तुम इस तरह नाप लोगे, वह तुम्हारी हो जायगी।

दीना खुश हुआ। तय हुआ कि अगले सवेरे ही चलना शुरू कर दिया जायगा। फिर कुछ गपशप हुई, खाना-पीना हुआ। ऐसे ही करते-कराते रात हो गई। दीना के लिए उन्होंने खूब आराम का परों का बिस्तर लगा दिया और वे लोग रातभर के लिए विदा हो गये। कह गये कि पौ फटने से पहले ही वे आ जायंगे, ताकि सूरज निकलने से पहले-पहले मुकाम पर पहुंच जाया जाय।

दीना अपने परों के बिस्तरे पर लेटा तो रहा, पर उसे नींद न आई। रह-रहकर वह जमीन के बारे में सोचने लगता था—

चलकर मैं कितनी जमीन नाप डालूं कुछ ठिकाना है! एक दिन में पैंतीस मील तो आसानी से कर ही लूंगा। दिन आजकल लंबे होते हैं और पैंतीस मील! कितनी जमीन उसमें आ जायगी! उसमें से घटिया वाली तो बेच दूंगा या किराये पर उठा दूंगा, लेकिन जो चुनी हुई बढ़िया होगी वहां अपना फार्म बनाऊंगा। दो-दर्जन तो बैल फिलहाल काफी होंगे। दो आदमी भी रखने होंगे। कोई डेढ़ सौ एकड़ में तो काश्त करुंगा। बाकी चराई के लिए।

दीना रातभर पड़ा जमीन-आसमान के कुलाबे मिलाता रहा। देर-रात कहीं थोड़ी नींद आई। आंख झपी होगी किसी के बाहर से खिलखिलाकर हंसने की आवाज उसके कानों में आई। अचरज हुआ कि यह कौन हो सकता है? उठकर बाहर आकर देखा कि कोल लोगों का वह सरदार ही बाहर बैठा जोर-जोर से हंस रहा है। हंसी के मारे अपना पेट पकड़ रक्खा है। पास जाकर दीना ने पूछना चाहा, आप ऐसे हंस क्यों रहे हैं? लेकिन अभी पूछ पाया नहीं था कि देखता क्या है कि वहां सरदार तो है नहीं, बल्कि वह सौदागर बैठा है, जो अभी कुछ दिन पहले उसे अपने देश में मिला था और जिसने इस जमीन की बात बताई थी। तब दीना उससे पूछने को हुआ कि यहां तुम कैसे हो और कब आये? लेकिन देखा तो वह सौदागर भी नहीं, बल्कि वही पुराना किसान है जिसने मुद्दत हुई तब

सतलज-पार की जमीन का पता दिया था। लेकिन फिर जो देखता है तो वह किसान भी नहीं है, बल्कि खुद शैतान है, जिसके खुर हैं और सींग है। वही वहां बैठा ठट्टा मारकर हंस रहा है। सामने उसके एक आदमी पड़ा हुआ है–नंगे पैर, बदन पर बस एक कुर्ता-धोती। जमीन पर वह आदमी औंधे मुंह बेहाल पड़ा है। दीना ने सपने में ही ध्यान से देखा कि ऐसा पड़ा हुआ आदमी कौन है और कैसा? देखता क्या है कि वह आदमी दूसरा कोई नहीं, खुद दीना ही है और उसकी जान निकल चुकी है। यह देखकर मारे डर के वह घबरा गया। इतने में उसकी आंख खुल गई।

उठकर सोचा कि सपने में आदमी जाने क्या-क्या वाहियात बातें देख जाता है। अंह! यह सोचकर मुंह मोड दरवाजे के बाहर झांककर जो देखा तो सवेरा होनेवाला था। सोचा, समय हो गया। उन्हें अब जगा देना चाहिए। चलने में देर ठीक नहीं।

वह खड़ा हो गया और गाड़ी में सोते हुए अपने आदमी को जगाया। कहा कि गाड़ी तैयार करो। खुद कोल लोगों को बुलाने चल दिया।

जाकर कहा, सवेरा हो गया है। जमीन नापने चल पड़ना चाहिए। कोल लोग सब उठे और इकट्ठे हुए। सरदार भी आ गये। चलने से पहले उन्होंने चाय की तैयारी की और दीना को चाय के लिए पूछा। लेकिन चाय में देर होने का खयाल कर उसने कहा, अगर जाना है तो हमको चल देना चाहिए। वक्त बहुत हो गया।

कोल तैयार हुए और सब चल पड़े। कुछ घोड़े पर, कुछ गाड़ी में। दीना नौकर के साथ अपनी छोटी बहली में सवार था। फावड़ा उसने साथ रख लिया था। खुले मैदान में जब पहुंचे, तड़का फूट ही रहा था। पास एक ऊंची टेकड़ी थी, पार खुला बिछा मैदान। टेकड़ी पर पहुंचकर गाड़ी-घोड़ों से सब उतर आये और एक जगह जमा हुए। सरदार ने फिर आगे जाने कितनी दूर तक फैले मैदान की तरफ हाथ उठाकर दीना से कहा कि देखते हो, जहांतक यह सब, आंख जाती है वहांतक, हमलोगों की जमीन है। उसमें जितनी तुम चाहों, ले लो।

दीना की आंखें चमक उठीं। धरती एकदम अछूती पड़ी थी। हथेली की तरह हमवार और मुलायम। काली ऐसी कि बिनौला और

जहां कहीं जरा निचान था, वहां छाती-छाती जितनी तरह-तरह की हरियाली छाई थी।

सरदार ने अपने सिर की रोएंदार टोपी उतारी और धरती पर रख दी। कहा यह निशान रहा। यहां से चलो और यहां आ जाओ। जितनी जमीन चल लोगे, वहीं तुम्हारी।

दीना ने भी रुपये निकाले और टोपी पर निगकर रख दिये। फिर उसने पहना हुआ अपना कोट उतार डाला और धोती को कस लिया। अंगोछे में रोटी रखी, आस्तीनों चढ़ाई, पानी का बन्दोबस्त किया, आदमी से फावड़ा लिया और चलने को तैयार खड़ा हो गया। कुछ क्षण सोचता रह गया कि किस तरफ को चलना बेहतर होगा। सभी तरफ का लालच था।

उसने तय किया कि आगे देखा जायगा। पहले तो सामने सूरज की तरफ ही चला चलूं। एक बार पूरब की ओर मुंह करके खड़ा हो गया, अंगड़ाई लेकर बदन की सुस्ती हटाई और धरती के किनारे सूरज के मुंह चमकाने का इंतजार करने लगा।

सोचने लगा कि मुझे वक्त नहीं खोना चाहिए और ठंड-ठंड में रास्ता अच्छा पार हो सकता है। सूरज की पहली किरण का उनकी ओर आना था कि दीना, कंधे पर फावड़ा संभाल, खुले मैदान में कदम बढ़ाकर चल दिया।

शुरू में वह न धीमे चला, न तेज। हजार-एक गज चलने पर वह ठहरा। वहां एक गड्ढा किया और घास ऊंची चिन दी कि आसानी से दीख सके। फिर आगे बढ़ा। उसके बदन में फुर्ती आ गई। उसने चाल तेज कर दी। कुछ देर बाद दूसरा गड्ढा खोदा।

अब पीछे मुड़कर देखा। सूरज की धूप में टेकड़ी साफ दीखती थी। उस पर आदमी खड़े थे और गाड़ी के पहियों के आरे तक चमकते दीखते थे। अंदाजन तीन मील तो वह आ गया होगा। धूप में ताप आता जाता था। कुर्ते पर से बास्कट उतारकर उसने कंधे पर डाल ली और फिर चल पड़ा। अब खासी गर्मी होने लगी। उसने सूरज की तरफ देखा। वक्त हो गया था कि कुछ खाने-पीने की भी सोची जाती।

एक पहर तो बीत गया। लेकिन दिन में चार पहर होते हैं। अंह, अभी जल्दी है। लेकिन जूते उतार डालूं। यह सोच उसने जूते उतारकर अपनी धोती में खोंस लिये और बढ़ चला। अब चलना आसान था।

सोचा, अभी तीन-एक मील तो और भी चला चलूं। तब दूसरी दिशा लूंगा। कैसी उमदा जगह है। इसे हाथ से जाने देना हिमाकत है, लेकिन क्या अजब बात है कि जितना आगे बढ़ो, उतनी जमीन एक-से-एक बढ़कर मिलती है।

कुछ देर वह सीधा बढ़ा चला। फिर पीछे मुड़कर देखा तो टेकड़ी मुश्किल से दीख पड़ती थी और उस पर के आदमी रेंगती चींटी-से मालूम होते थे और वहां धूप में जाने क्या कुछ चलता हुआ-सा दीख पड़ता था।

दीना ने सोचा, ओह, मैं इधर काफी बढ़ आया हूं। अब लौटना चाहिए। पसीना बेहद आ रहा था और प्यास भी लग आई थी।

यहां ठहरकर उसने गड्ढा किया, ऊपर घास को ढेर चिन दिया। उसके बाद पानी पीकर सीधा बाईं। तरफ मुड़ गया। चलता चला गया, चलता चला गया। घास ऊंची थी और गरमी बढ़ रही थी। वह थकने लगा। उसने सूरज की तरफ देखा। सिर पर दोपहर हो आई थी।

सोचा, अब जरा आराम कर लेना चाहिए। वह बैठ गया। रोटी निकालकर खाई और कुछ पानी पिया। लेटा नहीं कि कहीं नींद न आ जाय। इस तरह कुछ देर बैठ, फिर आगे बढ़ चला।

पहले तो चलना आसान हुआ। खाने से उसमें दम आ गया था। लेकिन गरमी तीखी हो चली और आंखों में उसके ऊंघ-सी आने लगी। तो भी वह चलता ही चला गया। सोचा कि तकलीफ घड़ी-दो-घड़ी की है, आराम जिंदगी भर का हो जायगा।

इस तरह भी उसने काफी लम्बी राह नापी। वह बाईं तरफ मुड़ने वाला ही था कि आगे जमीन उपजाऊ दिखाई दी। उसने सोचा कि इस टुकड़े को छोड़ना तो मूर्खता होगी। यहां सनी की बाड़ी ऐसी उगेगी कि क्या कहना! यह सोच उसने उस टुकड़े को भी नाप डाला और पार आकर गड्ढे का निशान बना दिया। फिर दूसरी तरफ मुड़ा। जो टेकड़ी की तरफ

देखा तो ताप के मारे हवा कांपती-सी मालूम हुई। उस कंपकंपी के धुंधकारे में से वह टेकड़ी की जगह मुश्किल से चीन्ह पड़ती थी।

दीना ने सोचा कि क्षेत्र की ये दो भुजाएं मैंने ज्यादा नाप डाली है। अब इधर कुछ कम ही रहने दूं। वह तेज कदमों से तीसरी तरफ बढ़ा। उसने सूरज को देखा। सूरज कोई दो-तिहाई। अपना चक्कर काट चुका था। मुकाम से अभी वह दस मील दूर था। उसने सोचा कि छोड़ा जाने भी दो। मेरी जमीन की एक बाजू छोटी रह जायगी तो छोटी सही। लेकिन अब सीधी लकीर में मुझे वापस चलना चाहिए। जो ऐसे कहीं दूर निकल गया। तो बाजी गई। अरे, इतनी ही जमीन क्या थोड़ी है!

यह सोच दीना ने वहां तीसरे गड्ढे का निशान डाल दिया और टेकड़ी की तरफ मुंह कर ठीक उसी सीध में चल दिया।

नाक की सीध बांधकर सवह टेकड़ी की तरफ चला। लेकिन अब चलते मुश्किल होती थी। धूम उसका सत ले चुकी थी। नंगे पैर जगह-जगह कट और छिल गये थे और टांगें जवाब दे रही थीं। जरा आराम करने का उसका जी हुआ, लेकिन यह कैसे हो सकता था? सूरज छिपने से पहले उसे वहां पहुंच जाना था। सूरज किसी की बाट देखता बैठा नहीं रहता! वह पल-पल नीचे ढल रहा था।

उसके मन में सोच होने लगा कि मुझसे बड़ी भूल हुई। मैंने इतने पैर पसारे क्यों? अगर कहीं वक्त तक न पहुंचा तो?

उसने फिर टेकड़ी की तरफ देखा, फिर सूरज की तरफ। मुकाम से अभी वह दूर था और सूरज धरती के पास झूक रहा था।

दीना जी-तोड़ चलने लगा। चलने में सांस फूलती और कठिनाई होती थी, लेकिन तेज-पर तेज कदम वह रखता गया। बढ़ा चला, लेकिन जगह अब भी दूर बनी थी। यह देख उसने भागना शुरू किया। कंधे से वास्कट फेंक दी, जूते दूर हटाए, टोपी अलग की, बस साथ में निशान लगाने के लिए वह हल्का फावड़ा रहने दिया।

रह-रहकर सोच होता कि मैं क्या करूं? मैंने बिसात से बाहर चीज हथियानी चाही।

उसमें बना काम बिगड़ा जा रहा है। अब सूरज छिपने से पहले मैं वहां कैसे पहुंचूंगा?

इस सोच और डर के कारण वह और हांफने लगा। वह पसीना-पसीना हो रहा था, धोती गीली होकर चिपकी जा रही थी और मुंह सूख गया था। लेकिन फिर भी वह भागता ही जाता था। छाती उसकी लुहार की धौंकनी की तरह चल उठी, दिल भीतर हथौड़े की चोट-सा धड़कने लगा। उधर टांगे बेबस हुई जा रही थीं। दीना को डर हुआ कि इस थकान के मारे कहीं गिरकर ढेर ही न हो जाय।

हाल यह था, पर रुक वह नहीं सका। इतना भागकर भी अगर मैं जब रूकूंगा तो वे सब लोग मुझ पर हंसेगे और बेवकूफ बनायंगे, इसलिए उसने दौड़ना न छोड़ा दौड़े ही गया। आगे कोल लोगों की आवाज सुन पड़ती थी। वे उसको जोर जोर से कहकर बुला रहे थे। इन आवाजों पर उसका दिल और सुलग उठा। अपनी आखिरी ताकत समेट वह दौड़ा।

सूरज धरती से लगा जा रहा था। तिरछी रोशनी के कारण वह खूब बड़ा और लहू-सा लाल दीख रहा था। वह अब डूबा, अब डूबा। सूरज बहुत नीचे पहुंच गया था। लेकिन दीना भी जगह के बिल्कुल किनारे आ लगा था। टेकड़ी पर हाथ हिला-हिलाकर बढ़ावा देते हुए कोल लोग उसे सामने दिखाई देते थे। अब तो जमीन पर रक्खी वह टोपी भी दीखने लगी, जिस पर उसकी रकम भी रक्खी थी। वहां बैठा सरदार भी दिखाई दिया- वह पेट पकड़े हंस रहा था।

दीना को सपने की याद हो आई।

उसने सोचा कि हाय, जमीन तो काफी नाप डाली है, लेकिन क्या ईश्वर मुझे उसको भोगने के लिए बचने देगा? मेरी जान तो गई दीखती है। मैं मुकाम तक अब नहीं पहुंच सकूंगा। दीना ने हसरत-भरी निगाह से सूरज की तरफ देखा सूरज धरती को छू चुका था। वह बची-खुची अपनी शक्ति से आगे बढ़ा। कमर झुकाकर भागा, जैसे कि टांगें साथ न देती हों। टेकड़ी पर पहुंचते-पहुंचते अंधेरा हो आया था। उसने ऊपर देखा-सूरज छिप चुका था। उसके मुंह से एक चीखसी निकल गई, ओह,

मेरी सारी मेहनत व्यर्थ गई! यह सोचकर वह थमने को हुआ, लेकिन उसे सुन पड़ा कि खड़े हैं और उन्हें सूरज अब भी दीख रहा होगा। सूरज छिपा नहीं है, अगर्चे मुझको नहीं दीखता। यह सोचकर उसने लंबी सांस खींची और टेकड़ी पर आंख मूंदकर दौड़ा। चोटी पर अभी धूप थी। पास पहुंचा और सामने टोपी देखी। बराबर सरदार बैठा वहीं पेट पकड़े हंस रहा था। दीना को फिर अपना सपना याद आया और उसके मुंह से चीख निकल पड़ी। टांगों ने जवाब दे दिया।

वह मुंह के बल आगे को गिरा और उसके हाथ टोपी तक जा पहुंचे।

खूब! खूब! सरदार ने कहा, देखो, उसने कितनी जमीन ले डाली!

दीना का नौकर दौड़ा आया और उसने मालिक को उठाना चाहा। लेकिन देखता क्या है कि मालिक के मुंह से खून निकल रहा है।

दीना मर चुका था। कोल लोग दया से और व्यंग्य से हंसने लगे। नौकर ने फावड़ा लिया और दीना के लिए कब्र खोदी और उसमें लिटा दिया। सिर से पांव तक कुल छः फुट जमीन उसे काफी हुई।

3

तीन प्रश्नों के उत्तर

यह कहानी उस राजा की है जो अपने तीन प्रश्नों के उत्तर खोज रहा था।

तो, एक बार एक राजा के मन में आया कि यदि वह इन तीन प्रश्नों के उत्तर खोज लेगा तो उसे कुछ और जानने की आवश्यकता नहीं रह जायेगी।

पहला प्रश्नः किसी भी कार्य को करने का सबसे उपयुक्त कौन सा है?

दूसरा प्रश्नः किन व्यक्तियों के साथ कार्य करना सर्वोचित है?

तीसरा प्रश्नः वह कौन सा कार्य है जो हर समय किया जाना चाहिए?

राजा ने यह घोषणा करवाई कि जो भी व्यक्ति उपरोक्त प्रश्नों के सही उत्तर देगा उसे बड़ा पुरस्कार दिया जाएगा। यह सुनकर बहुत से लोग राजमहल गए और सभी ने अलग-अलग उत्तर दिए। पहले प्रश्न के उत्तर में एक व्यक्ति ने कहा कि राजा को एक समय तालिका बनाना चाहिए और उसमें हर कार्य के लिए एक निश्चित समय नियत कर देना चाहिए तभी हर काम अपने सही समय पर हो पायेगा। दूसरे व्यक्ति ने राजा से

कहा कि सभी कार्यों को करने का अग्रिम निर्णय कर लेना उचित नहीं होगा और राजा को चाहिए कि वह मनविलास के सभी कार्यों को तिलांजलि देकर हर कार्य को व्यवस्थित रूप से करने की ओर अपना पूरा ध्यान लगाये।

किसी और ने कहा कि राजा के लिए यह असंभव है कि वह हर कार्य को दूरदर्शिता पूर्वक कर सके। इसलिए राजा को विज्ञजनों की एक समिति का निर्माण करना चाहिए जो हर विषय को परखने के बाद राजा को यह बताये कि उसे कब क्या करना है। फिर किसी और ने यह कहा कि कुछ मामलों में त्वरित निर्णय लेने पड़ते हैं और परामर्श के लिए समय नहीं होता लेकिन ज्योतिषियों और भविष्यवक्ताओं की सहायता से राजा यदि चाहे तो किसी भी घटना का पूर्वानुमान लगा सकता है।

दूसरे प्रश्न के उत्तर के लिए भी कोई सहमति नहीं बनी। एक व्यक्ति ने कहा कि राजा को प्रशासकों में अपना पूरा विश्वास रखना चाहिए। दूसरे ने राजा से पुरोहितों और संन्यासियों में आस्था रखने के लिए कहा। किसी और ने कहा कि चिकित्सकों पर सदैव ही भरोसा रखना चाहिए तो किसी ने योद्धाओं पर विश्वास करने के लिए कहा।

तीसरे प्रश्न के जवाब में भी विविध उत्तर मिले। किसी ने कहा कि विज्ञान का अध्ययन सबसे महत्वपूर्ण है तो किसी ने धर्मग्रंथों के पारायण को सर्वश्रेष्ठ कहा। किसी और ने कहा कि सैनिक कौशल में निपुणता होना ही सबसे जरूरी है।

राजा को इन उत्तरों में से कोई भी ठीक नहीं लगा इसलिए किसी को भी पुरस्कार नहीं दिया गया। कुछ दिन तक चिंतन-मनन करने के बाद राजा ने एक महात्मा के दर्शन का निश्चय किया। वह महात्मा एक पर्वत के ऊपर बनी कुटिया में रहते थे और सभी उन्हें परमज्ञानी मानते थे।

राजा को यह पता चला कि महात्मा पर्वत से नीचे कभी नहीं आते और राजसी व्यक्तियों से नहीं मिलते थे। इसलिए राजा ने साधारण किसान का वेश धारण किया और अपने सेवक से कहा कि वह पर्वत की तलहटी पर लौटने का इंतजार करे। फिर राजा महात्मा की कुटिया की ओर चल दिया।

महात्मा की कुटिया तक पहुँचने पर राजा ने देखा कि वे अपनी कुटिया के सामने बने छोटे से बगीचे में फावड़े से खुदाई कर रहे थे। महात्मा ने राजा को देखकर सर हिलाया और खुदाई करते रहे। बगीचे में काम करना उनके लिए वाकई कुछ कठिन था, वे वृद्ध हो चले थे। हांफते हुए वे जमीन पर फावड़ा चला रहे थे।

राजा महात्मा तक पहुंचा और बोला, "मैं आपसे तीन प्रश्नों का उत्तर जानना चाहता हूँ। पहलाः किसी भी कार्य को करने का सबसे अच्छा समय क्या है? दूसराः किन व्यक्तियों के साथ कार्य करना सर्वोचित है? तीसराः वह कौन सा कार्य है जो हर समय किया जाना चाहिए?

महात्मा ने राजा की बात ध्यान से सुनी और उसके कंधे को थपथपाया और खुदाई करते रहे। राजा ने कहा, "आप थक गए होंगे। लाइए, मैं आपका हाथ बंटा देता हूँ।" महात्मा ने धन्यवाद देकर राजा को फावड़ा दे दिया और एक पेड़ के नीचे सुस्ताने के लिए बैठ गए।

दो क्यारियाँ खोदने के बाद राजा महात्मा की ओर मुड़ा और उसने फिर से वे तीनों प्रश्न दोहराए। महात्मा ने राजा के प्रश्नों का उत्तर नहीं दिया और उठते हुए कहा, "अब तुम थोड़ी देर आराम करो और मैं बगीचे में काम करूंगा।" लेकिन राजा ने खुदाई करना जारी रखा। एक घंटा बीत गया, फिर दो घंटे। शाम हो गयी। राजा ने फावड़ा रख दिया और महात्मा से कहा, "मैं यहाँ आपसे तीन प्रश्नों के उत्तर पूछने आया था पर आपने मुझे कुछ नहीं बताया। कृपया मेरी सहायता करें ताकि मैं समय से अपने घर जा सकूं।"

महात्मा ने राजा से कहा, "क्या तुम्हें किसी के दौड़ने की आवाज सुनाई दे रही है?" राजा ने आवाज की दिशा में सर घुमाया। दोनों ने पेड़ों के झुरमुट से एक आदमी को उनकी ओर भागते आते देखा। वह अपने पेट में लगे घाव को अपने हाथ से दबाये हुए था। घाव से बहुत खून बह रहा था। वह दोनों के पास आकर धरती पर गिर गया और अचेत हो गया। राजा और महात्मा ने देखा कि उसके पेट में किसी शस्त्र से गहरा वार किया गया था। राजा ने फौरन उसके घाव को साफ किया और अपने वस्त्र को फाड़कर उसके घाव पर बाँधा ताकि खून बहना बंद हो जाए। कपड़े का वह टुकड़ा जल्द ही खून से पूरी तरह तर हो गया तो राजा ने उसके ऊपर

दूसरा कपडा बाँधा और ऐसा तब तक किया जब तक खून बहना रुक नहीं गया।

कुछ समय बाद घायल व्यक्ति को होश आया और उसने पानी माँगा। राजा कुटिया तक दौड़कर गया और उसके लिए पानी लाया। सूरज अस्त हो चुका था और वातावरण में ठंडक आने लगी। राजा और महात्मा ने घायल व्यक्ति को उठाया और कुटिया के अन्दर बिस्तर पर लिटा दिया। वह आँखें बंद करके चुपचाप लेटा रहा। राजा भी पहाड़ चढ़ने और बगीचे में काम करने के बाद थक चला था। वह कुटिया के द्वार पर बैठ गया और उसे नींद आ गयी। सुबह जब उसकी आँख खुली तब सूर्योदय हो चला था और पर्वत पर दिव्य आलोक फैला हुआ था।

एक पल को वह भूल ही गया कि वह कहाँ है और वहां क्यों आया था। उसने कुटिया के भीतर बिस्तर पर दृष्टि डाली। घायल व्यक्ति अपने चारों ओर विस्मय से देख रहा था। जब उसने राजा को देखा तो बहुत महीन स्वर में बुदबुदाते हुए कहा, "मुझे क्षमा कर दीजिये"।

"लेकिन तुमने क्या किया है और मुझसे क्षमा क्यों मांग रहे हो", राजा ने उससे पूछा।

"आप मुझे नहीं जानते पर मैं आपको जानता हूँ। मैंने आपका वध करने की प्रतिज्ञा ली थी क्योंकि पिछले युद्ध में आपने मेरे राज्य पर हमला करके मेरे बंधु-बांधवों को मार डाला और मेरी संपत्ति हथिया ली। जब मुझे पता चला कि आप इस पर्वत पर महात्मा से मिलने के लिए अकेले आ रहे हैं तो मैंने आपकी हत्या करने की योजना बनाई। मैं छुपकर आपके लौटने की प्रतीक्षा कर रहा था पर आपके सेवक ने मुझे देख लिया। वह मुझे पहचान गया और उसने मुझपर प्रहार किया। मैं अपने बचाव के लिए भागता हुआ यहाँ आ गया और आपके सामने गिर पड़ा। मैं आपकी हत्या को उद्यत था पर आपने मेरे जीवन की रक्षा की। मैं बहुत शर्मिंदा हूँ। मुझे समझ नहीं आ रहा कि आपके उपकार का मोल कैसे चुकाऊँगा। मैं जीवनपर्यंत आपकी सेवा करूंगा और मेरी संतानें भी सदैव आपके कुल की सेवा करेंगी। कृपया मुझे क्षमा कर दें।"

राजा यह जानकर बहुत हर्षित हुआ कि इस प्रकार उसके शत्रु का रूपांतरण हो गया। उसने न केवल उसे क्षमा कर दिया बल्कि उसकी संपत्ति

लौटाने का वचन भी दिया और उसकी चिकित्सा के लिए अपने सेवक के मार्फत अपने निजी चिकित्सक को बुलावा भेजा। सेवक को निर्देश देने के बाद राजा महात्मा के पास अपने प्रश्नों के उत्तर जानने के लिए पुनः आया। उसने देखा, महात्मा पिछले दिन खोदी गयी क्यारियों में बीज बो रहे थे।

महात्मा ने उठकर राजा से कहा, "आपके प्रश्नों के उत्तर तो पहले ही दिए जा चुके हैं।"

"वह कैसे?", राजा ने चकित होकर कहा।

"कल यदि आप मेरी वृद्धावस्था का ध्यान करके बगीचे में कार्य करने में मेरी सहायता नहीं करते तो आप वापसी में घात लगाकर बैठे हुए शत्रु का शिकार बन जाते। तब आपको यह खेद होता कि आपको मेरे समीप अधिक समय व्यतीत करना चाहिए था। अतः आपका कल बगीचे में कार्य करने का समय ही सबसे उपयुक्त था। आप जिस सर्वाधिक महत्वपूर्ण व्यक्ति से मिले वह मैं ही था और आपका सबसे आवश्यक कार्य था मेरी सहायता करना। बाद में जब घायल व्यक्ति यहाँ चला आया तब सबसे महत्वपूर्ण समय वह था जब आपने उसके घाव को भलीप्रकार बांधा। यदि आप ऐसा नहीं करते तो रक्तस्त्राव के कारण उसकी मृत्यु हो जाती। तब आपके और उसके मध्य मेल-मिलाप नहीं हो पाता। अतः उस क्षण वह व्यक्ति सर्वाधिक महत्वपूर्ण था और उसकी सेवा-सुश्रुषा करना सबसे आवश्यक कार्य था।"

"स्मरण रहे, केवल एक ही समय सर्वाधिक महत्वपूर्ण है और वह समय यही है, इस क्षण में है। इसी क्षण की सत्ता है, इसी का प्रभुत्व है। सबसे महत्वपूर्ण व्यक्ति वही है जो आपके समीप है, आपके समक्ष है, क्योंकि हम नहीं जानते कि अगले क्षण हम किसी अन्य व्यक्ति से व्यवहार करने के लिए जीवित रहेंगे भी या नहीं और सबसे आवश्यक कार्य यह है कि आपके समीप आपके समक्ष उपस्थित व्यक्ति के जीवन को सुख-शांतिपूर्ण करने के प्रयास किये जाएँ क्योंकि यही मानवजीवन का उद्देश्य है।"

4

लोग कैसे जीते हैं?

सैमन जूते सी कर अपनी आजीविका चलाता था। पत्नी मत्रिना के साथ वह एक झोपड़ी में रहता था। अपनी आय से वह उदर-पोषण की ही जुगाड़ कर पाता था। सर्दी के मौसम में तन को गर्म रखने के नाम पर उनके पास एक कोट था जो पति-पत्नी बारी-बारी से इस्तेमाल करते थे। अब वह कोट भी जहाँ-तहाँ फट रहा था। दो वर्ष से सैमन सोच रहा था कि एक नया कोट बनवाना चाहिए। सर्दी शुरू होने से पहले उनकी कुल जमा पूँजी थी- पत्नी के डिब्बे में छिपा कर रखे तीन रूबल और उधारी के पाँच रूबल बीस कोपेक जो उन्हें ग्राहकों से आने थे।

एक रोज सैमन अपना कोट पहन कर, जेब में तीन रूबल और हाथ में छड़ी लिए अपने ग्राहकों से उधारी वसूलने निकल पड़ा, ताकि वह शहर जाकर नया कोट खरीद सके। उधारी वसूलना इतना आसन तो होता नहीं। घूम-घाम कर उसे केवल 20 कोपेक वसूल करने में सफलता मिली। सैमन उदास हो गया। शाम ढल रही थी। सैमन ने सोचा कि इन पैसों से कोट तो नहीं खरीदा जा सकता, हाँ, शरीर गरम रखने के लिए वोदका पिया जा सकता है।

बीस कोपेक का वोदका पीने के बाद उसे किसी चीज की चिंता नहीं रही। वह सोचने लगा- शरीर गर्म हो गया, अब कोट की जरूरत नहीं। जानता हूँ मत्रिना जरूर चीखेगी, चिल्लाएगी, कुढ़कुढ़ाएगी... और बेचारी कर भी क्या कर सकती है, खामोश हो जाएगी। इसी सोच में वह चलता हुआ गिरजा के करीब पहुँचा। गिरजे की दीवार से सटी एक सफेद छाया दिखाई दी। उसने देखा परंतु उसे कुछ समझ में नहीं आया। कुछ तो सांझ का अंधियारा और कुछ वोदका क असर.... क्या यह कोई पत्थर है... एक दम सफेद पत्थर तो यहाँ नहीं था। वह छाया हिली तो उसे शंका हुई कि आदमी लगता है, पर इतना वेत!

सैमन करीब पहुँचा। अरे! यह तो आदमी ही है...एक दम नंगा! भय ने उसे घेर लिया। 'क्या पता, किसी ने मार दिया हो और उसे नंगा करके यहाँ डाल दिया होय पुलिस आएगी, छान बीन के लिए... मुझे इस पचड़े में नहीं पड़ना चाहिएय या फिर, वह मुझे ही लूट ले।' वह आगे बढ़ा। कुछ कदम आगे बढ़कर उसने मुड़कर देखा। वह आकृति हिल रही थी। 'तो क्या मुझे उसके पास जाना चाहिए।.. यदि वह मुझ पर झपट पड़ा तो! और फिर, मैं इस नंगे आदमी की क्या मदद कर सकता हूँ। अपना एकमात्र कोट तो दे नहीं सकता।' वह अपने कदम जल्दी-जल्दी आगे बढ़ाने लगा। फिर, यकायक रुक गया। 'यह तुम क्या कर रहे हो सैमन? वह आदमी मौत से जूझ रहा है और तुम बहाने बनाकर भाग जाना चाहते हो। क्या तुम इतने अमीर हो गए हो कि कोई तुम को कोई लूट लेगा और जान से मार देगा। धिक्कार है तुम पर, सैमन।' वह लौट आया और उस आदमी के पास पहुँचा।

उस अजनबी के पास पहुँच कर सैमन ने देखा कि वह हृष्ठ-पृष्ठ और सुंदर है। उसके शरीर पर किसी जख्म के निशान भी नहीं है। अपनी नजरें नीचे झुकाए वह बैठा हुआ था। एक बार उसने आँखें ऊपर की और सैमन की ओर देखा। उस एक नजर ने सैमन के हृदय में प्यार भर दिया। उसने जल्दी से अपना कोट उतार कर उसे दे दिया और कहा- अब बात करने का समय नहीं है, यह कोट पहन लो और चलो। उस अजनबी ने कोट को उलटा-पुलटा तो सैमन ने उसे कोट पहनने में मदद की और दोनों चल पड़े।

'कहाँ से आ रहे हो?' 'मैं इस इलाके का नहीं हूँ।' 'सो तो मैं समझता हूँ, क्योंकि यहां के लोगों को तो मैं जानता हूँ, पर तुम इस गिरजा के पास कैसे?' 'मैं बता नहीं सकता।' 'क्या तुम्हें किसी ने सताया है?' 'नहीं, ईश्वर ने मुझे सजा दी है।' 'हाँ, यह तो है, ईश्वर का ही तो सारा साम्राज्य है। फिर भी, तुम्हें अपनी रोजी-रोटी का जुगाड़ तो करना है ना। कहाँ जाना चाहते हो?' 'मेरे लिए सभी स्थान एक ही है।'

सैमन चकित रह गया। सोचने लगा कि यह व्यक्ति कोई चोर-उचक्का तो नहीं लगता, शायद कोई मजबूरी है जो कुछ बताना नहीं चाहता। फिर उसे मत्रिना का ध्यान आया तो उदास हो गया। वह जानता था कि उसने कोट लाने के लिए भेजा था और वह है कि एक अजनबी को उठा लाया है। तूफान तो वह मचाएगी ही.. अब जो होगा देखा जाएगा, यह सोचकर सैमन सिर झटक दिया।

मत्रिना रात का भोजन करके बैठी थी और सोच रही थी कि सैमन कोट खरीद कर आता ही होगा। शहर गया है तो खाकर ही लौटेगा, पर न जाने कब लौटेगा। इन्हीं विचारों में डूबी मत्रिना को पद्चाप सुनाई दिए। उसने झोपड़ी का दरवाजा खोला तो देखा कि सैमन के हाथ खाली है, यानि उसने कोट नहीं खरीदा है। उसके पास से वोदका की बू आ रही थी। वह समझ गई कि उसने सारा पैसा पी-खाकर उड़ा दिया और साथ में किसी आवारा को भी अपने साथ ले आया जो उसी का कोट पहना है जिसके भीतर शर्ट भी नहीं है।

मत्रिना का पारा चढ़ गया। वह जोर से बड़बड़ाने लगी- 'इसीलिए तो मैंने अपने माता-पिता को मना कर दिया था कि मैं इस शराबी से शादी नहीं करूँगी। कोई काम के लिए भेजा तो बस, आवारागर्दी करके लौटता है—साथ ही अब किसी निठल्ले को भी ले आया, मानों यहाँ कोई अनाथालय खोल रखा है। वह चीखती-चिल्लाती बाहर निकल जाने के लिए दरवाजे तक गई, फिर अपने को संयत करके लौट आई। उसने देखा कि वह अजनबी नीची नजरें किए किसी गुनहगार की तरह चुपचाप खड़ा था। मत्रिना ने उसे देखा और सोचा कि इसके बारे में जानें तो सही कि

वह कौन है! मत्रिना सोचने लगी कि यदि यह व्यक्ति शरीफ है तो उसने ढंग के कपड़े क्यों नहीं पहन रखे हैं। आखिर वह नंगा क्यों है? उसने सैमन का कोट क्यों टंगा रखा है?

'ये कौन है और कहाँ से पकड़ लाए हो?' 'वही तो मैं बताना चाहता था और तुम सुन नहीं रही हो।' सैमन ने सारी घटना का ब्यौरा सुनाया और कहा कि ईश्वर ने उसके पास भेजा, वर्ना वह सर्दी में अकड़ कर मर जाताय न जाने कितने दिन से भूखा, प्यासा है बेचारा। मत्रिना ने एक नजर उस युवक पर डाली जो बेंच के एक कोने में हाथ जोड़े, सिर झुकाए बैठा था। मत्रिना के हृदय में ममता जागी। संदूक से सैमन का पुरान शर्ट और पैंट निकाल कर उसे दिया और भोजन का प्रबंध करने लगी।

जब सैमन और अजनबी खाने बैठे तो मत्रिना भी टेबल के कोने पर हाथ टिकाए बैठ गई और पूछने लगी कि वह यहाँ कैसे आया। उसका वही उत्तर था- 'ईश्वर ने उसे सजा दी है।' भोजन करके अजनबी ने मत्रिना की ओर देखा और मुस्करा दिया। 'यदि आप लोग सहारा न देते तो आज मैं मर ही जाता। ईश्वर आपका भला करेगा।' धन्यवाद देकर अजनबी वहीं एक कोने में सो गया।

मत्रिना को बहुत देर तक नींद नहीं आई। उसे पता था कि कल सुबह के लिए रखा खाना तो खत्म हो गया है। वह करवट बदलने लगी तो देखा कि सैमन भी जाग रहा है। उसने कहा- 'सैमन, आज का दिन तो कट गया। पता नहीं कल का क्या हो। सुबह शायद मुझे फिर मार्था के घर से कुछ मांग कर लाना होगा।' सैमन ने कहा-'जो होगा देखा जाएगा, अब सो जाओ।' वह भी करवट बदल कर सो गया।

दूसरे दिन सैमन ने उस अजनबी से उसका नाम और काम पूछा तो उसने बताया कि उसे मैकल कहते हैं और वह कोई काम जानता तो नहीं पर बताने पर सीख जाएगा। सैमन ने उसे धागा बँटना, मोम लगाना और जूते सीने का हुनर बताया। मैकल मन लगा कर काम करता। मत्रिना उसे भोजन देती। मैकल घर का एक सदस्य भले ही बन गया था पर वह

पहले दिन की मुस्कान जो मत्रिना को देखकर उसके चेहरे पर आई थी, वह फिर दिखाई नहीं दी। मैकल के अच्छे काम से सैमन की ख्याति और आय बढ़ने लगी। अब उसे शहर से भी ऑडर मिलने लगे।

एक दिन जब सैमन और मैकल काम करते बैठे थे तो एक बग्गी आकर उनके दरवाजे के पास रुकी। एक रौबदार व्यक्ति उसमें से उतरा और एक महंगा चमड़ा सैमन की तरफ फेंकते हुए आदेश दिया कि इसके बूट बनाना होगा। इतना महंगा चमड़ा देखकर सैमन घबरा गया। उस पर उस रौबदार व्यक्तित्व के आगे जैसे काँपने लगा। उसके मन में यह विचार आ रहा था कि कहीं जूते ठीक न बन पाये तो उस चमड़े का मूल्य चुकाने में उसका जीवन ही बीत जाएगा। उसने मैकल की ओर देखा। मैकल ने इशारे पर उसने बूट बनाना स्वीकार किया।

सैमन पैर का नाप ले रहा था। उसके हाथ काँप रहे थे और वह रौबदार व्यक्ति कह रहा था कि नाप में थोड़ी भी गलती हुई तो उसे खामियाजा भुगतना पड़ेगा। यकायक उस आगंतुक ने देखा कि मैकल उस के पीछे की दिवार की ओर देखकर मुस्करा रहा है, तो उसने गुस्से में पूछा-'क्यों हँस रहे हो। कौन है यह, जो ये भी नहीं जातना कि बड़ों के आगे कैसा बर्ताव करना चाहिए।'

'यह मेरा कामवाला है हुजूर।' 'बेवकूफ कहीं का। अच्छी तरह देख लो और मजबूती से सीना ताकि एक भी टाँका साल भर तक न खुले और हाँ, कल तक दे देना।' 'समय पर तैयार मिलेंगे हुजूर।'

जब वह आगंतुक झोंपड़ी से बाहर निकल रहा था तो उसका माथा दरवाजे से टकरा गया। वह झुकना भूल गया था। उसके जाने के बाद सैमन ने कहा- 'क्या रौबीला आदमी था। कितना तंदुरुस्त कि उतनी जोर के मार पर भी उसने माथा नहीं रगड़ा!' मत्रिना ने हाँ में हाँ मिलाते हुए कहा-'अच्छा खाता-पीता आदमी है, इतना मजबूत तो होगा ही, एकदम पत्थर की माफिक कि मौत भी उसे छू नहीं सकती।'

काम लेने को तो ले लिया था पर सैमन को डर था कि अपनी आयु के कारण वह ठीक तरह से सी नहीं पाएगा। उसने मैकल से कहा कि

यह काम उसी के कहने पर लिया गया है तो अब उसे ही यह काम करना होगा। मैकल ने यह जिम्मेदारी अपने ऊपर पर ले ली। जब वह चमड़ा काटने या सीने लगता तो सैमन उसकी कारीगरी पर मुग्ध होता पर उसकी समझ में नहीं आ रहा था कि वह बूट के लिए चप्पल की तरह चमडे को क्यों काट रहा है। फिर, यह सोचकर कि शायद नया कुछ कर रहा है, उसके काम में हस्तक्षेप नहीं करता। जैसे ही उसने अपना काम पूरा किया तो सैमन ने कहा- 'यह क्या! उसने तो बूट बनाने को कहा था और तुमने चप्पल सी दिया?'

इतने में एक बग्गी रुकी और गाड़ीवान ने आकर कहा- 'हमारी मालिकिन ने हमें भेजा है। वो चाहती है कि हमारे मालिक ने जो चमड़ा दिया था, उसके बूट नहीं चप्पल बनाएँ। मालिक अब नहीं रहे, इसलिए उनके शव को चप्पल पहनाएँ जाएँगे।' मैकल ने तैयार चप्पल उस गाड़ीवान के हवाले कर दिए।

मैकल को सैमन के पास रहते छः वर्ष हो गए। आय की वृद्धि के साथ वह झोंपड़ी जिसमें उसने कदम रखा था, अब घर में बदल गया था। कमरे की एक खिड़की के सामने सैमन काम कर रहा था और दूसरी खिड़की के प्रकाश में मैकल। इतने में बाहर खेलते एक बच्चे ने आकर मैकल से कहा- 'वो देखो अंकल, एक महिला दो सुंदर लड़कियों को साथ लिए आ रही है।' वैसे तो मैकल हमेशा अपने काम में ही मगन रहता, न हँसता और न बोलता। परंतु इस बार उसने कौतुहल से बाहर झाँक कर देखा। मैकल के इस आचरण से सैमन को आश्चर्य हुआ। मैकल तो हमेशा अपने काम से काम रखता था। उसे अपने इर्दगिर्द चल रही गतिविधियों से कोई सरोकार नहीं होता था।

एक महिला दो सुंदर जुड़वाँ लड़कियों का हाथ पकड़े उसी ओर आ रही थी। दोनों लड़कियाँ एक जैसी थी, अंतर था तो केवल इतना कि एक लड़की लंगड़ा कर चल रही थी। वह महिला कमरे में आई और कुर्सी पर बैठ गई। कुछ दम लेकर उसने बताया कि वह इन लड़कियों के जूते बनवाना चाहती है। फिर उसने लंगड़ी लड़की को प्यार से गोद में बिठा लिया।

सैमन ने देखा कि मैकल एकटक उन लड़कियों को देख रहा था और उसके चेहरे पर हल्की सी मुस्कान दौड गई थी। यद्यपि ये लड़कियाँ सुंदर थी पर मैकल का इस प्रकार देख कर मुस्कुराना सैमन को कुछ असमान्य लग रहा था।

सैमन ने लड़की के पैर का नाप लेते हुए पूछा कि इतनी सुंदर लड़की लंगड़ी कैसे हुई? उस महिला ने बताया कि उसे भी नहीं मालूम क्योंकि वह तो उनकी माँ नहीं है। हाँ, अपनी छाती का दूध पिला कर इन्हें पाला-पोसा है। उस महिला ने अपनी कहानी सुनाई।

'छः बरस हुए इनके माँ-बाप का देहाँत हो गया था। बाप तो बच्चे पैदा होने से पहले ही मर गया, पीछे उसके दुख और आर्थिक परिस्थितियों में तीन माह बाद इन बच्चों को जन्म देकर माँ भी मर गई थी। बेचारे दूध पीते बच्चे अनाथ हो गए तो गाँव वालों ने यह निर्णय लिया कि मेरी छाती में दूध है तो इन बच्चों का पालन-पोषण मैं करूँ। जब ये थोड़े बड़े हो जाएँ तो आगे की सोचा जाएगा। मैंने अपने बेटे के साथ साथ इन बच्चों को भी अपनी छाती का दूध पिलाया। मेरा बेटा तो दो बरस का होकर मर गया और ये लड़कियाँ मेरे जीने का सहारा बन गईं। इनको पालने में मुझे कोई आर्थिक संकट भी नहीं था। अपनी कहानी सुनाते-सुनाते वह रो पड़ी। पास बैठी मत्रिना ने सारी कहानी सुन कर आह भरते हुए कहा- 'वो कहते हैं ना कि जिसका नहीं कोई उसका खुदा होता है, ईश्वर ने तुम्हें माध्यम बना कर इनकी रक्षा की है।

जूते का नाप देकर वह महिला चली गई। घर में एक प्रकाश फैल गया। मैकल अपना काम किनारे रखा और हाथ जोड़कर बोला- 'मुझे क्षमा करना मालिक यदि मुझसे कोई चूक हुई हो तो। अब मैं विदा लेना चाहता हूँ। ईश्वर ने मुझे क्षमा कर दिया है।'

सैमन से आश्चर्य से देखते हुए कहा-'मैं जानता हूँ मैकल कि तुम कोई साधारण मानव नहीं हो। तुम्हारे शरीर से जो आलोक फैल रहा है वो बता रहा है कि तुम पर दैविक कृपा है और फिर, मैं तुम्हें रोकने वाला कौन होता हूँ? पर क्या तुम यह बताओगे कि जब मैंने तुम्हें यहाँ लाया

तो तुम उदास थे परंतु जब मत्रिना ने तुम्हें अन्न दिया तो तुम्हारे चेहरे पर मुस्कान दौड़ गई थी। फिर, जव आगंतुक अपने जूते बनवाने आया था, तब दूसरी बार तुम्हारे चेहरे पर वही मुस्कान थी और अब उस समय तुम्हारे चेहरे पर मुस्कान दौड़ गई जब तुम ने उन लड़कियों को देखा।

मैकल ने अपनी कहानी सुनाई- ईश्वर ने मुझे दण्डित किया था। जब-जब ईश्वर ने मुझे क्षमा किया, तब-तब मेरे चेहरे पर मुस्कान आई। मुझे ईश्वर ने इसलिए दण्डित किया था कि मैंने उनके आदेश का उल्लंघन किया था। ईश्वर ने मुझे एक बीमार औरत के प्राण लाने के लिए धरती पर भेजा था। जब मैं उस औरत की झोंपड़ी में पहुँचा तो देखा कि दो दिन पहले पैदा हुए जुड़वाँ बच्चे उसकी बगल में रो रहे थे। उस औरत ने मुझे देखकर कहा था- हे फरीश्ते, मैं जानती हूँ कि तुम मुझे लेने आये हो। मेरा न पति है, न भाई, न बहन और न कोई बंधु जो इन बच्चों की देख-रेख कर सके। मैं बिनती करती हूँ कि इन बच्चों के लिए मुझ पर कृपा करो।

मुझे इन बच्चों पर तरस आया तो उन्हें माँ की छाती पर रख कर लौट आया। ईश्वर ने हुक्म दिया कि जाओ और उस औरत के प्राण ले आओ और धरती पर इन तीन सच्चाइयों को भी जान लो कि मनुष्य के भीतर किस का वास है, मनुष्य को क्या नहीं दिया जाता और मनुष्य किस आधार पर जीते हैं। ईश्वर का यह हुक्म पाकर मैं फिर धरती पर आया और उस औरत के प्राण लेकर उड़ा। पीछे मुड़कर देखा तो एक लड़की का पैर उस महिला के शरीर के निचे दब गया था पर मैं क्या करता! मैं उस महिला के प्राण लेकर उड़ ही रहा था कि मेरे पर झड़ गए और मैं धरती पर गिर पड़ा। आगे की कहानी तो तुम्हें मालूम ही है।

सैमन और मत्रिना सकते में थे और यह जानकर प्रसन्न भी कि उन्हें अब तक एक फरीश्ते का साथ मिला था। फरीश्ता आगे कहने लगा- जब मैं धरती पर आया तो मैंने एक व्यक्ति को देखा जो मेरे पास आया। मुझे नग्न देखकर कपड़े पहनाए और अपने घर ले गया जहाँ एक कठोर महिला दिखाई दी। पर जब उसने प्यार से भोजन दिया तो उसके हृदय के भीतर

छिपे ईश्वर के दर्शन हुए। तब मैं मुस्कराया और जाना कि मानव के भीतर ईश्वर का वास है। प्रेम के रूप में ईश्वर इन मानवों में बसते हैं।

जब वह आगंतुक आया तो दूसरा पाठ मुझे मिला। जो व्यक्ति जूते बनवाना चाहता था उसके पीछे मेरा साथी मृत्यु के रूप में खड़ा था। तब मैं इसलिए मुस्कराया कि मनुष्य को यह भी पता नहीं कि उसको कब क्या दिया जाता है। वह बूट पहनना चाहता था पर उसकी नियति में चप्पल थे।

जब वह महिला उन लड़कियों के साथ आई तो मैंने उन्हें पहचान लिया था। ये वही बेसहारा लड़कियाँ थी जिसके माता-पिता मर चुके थे पर एक अजनबी महिला ने न केवल पाल-पोस कर बड़ा किया बल्कि उनपर अपना सारा प्रेम निछावर कर दिया था। तब मुझे तीसरी सच्चाई का ज्ञान हुआ कि किस आधार पर मानव जीवित रहता है। अब जब मुझे इन तीन सच्चाइयों का पता चला तो मैं यह भी जान गया कि ईश्वर ने मुझे क्षमा कर दिया है।

एक तेज प्रकाश सारे घर में फैल गया जिससे सैमन और मत्रिना की आँखे चौंधिया गई। जब उन्होंने आँखें खोली तो मैकल वहाँ नहीं था!!

5

क्षमादान

दिल्ली नगर में भागीरथ नाम का युवक सौदागर रहता था। वहां उसकी अपनी दो दुकानें और एक रहने का मकान था। वह सुन्दर था। उसके बाल कोमल, चमकीले और घुंघराले थे। वह हंसोड़ और गाने का बड़ा प्रेमी था। युवावस्था में उसे मद्य पीने की बान पड़ गई थी। अधिक पी जाने पर कभी-कभी हल्ला भी मचाया करता था, परन्तु विवाह कर लेने पर मध पीना छोड़ दिया था।

गरमी में एक समय वह कुम्भ पर गंगा जाने को तैयार हो, अपने बच्चों और स्त्री से विदा मांगने आया।

स्त्री–पराणनाथ, आज न जाइए, मैंने बुरा सपना देखा है।

भागीरथ–पिरये, तुम्हें भय है कि मैं मेले में जाकर तुम्हें भूल जाऊंगा?

स्त्री–यह तो मैं नहीं जानती कि मैं क्यों डरती हूं, केवल इतना जानती हूं कि मैंने बुरा स्वप्न देखा है। मैंने देखा है कि जब तुम घर लौटे हो तो तुम्हारे बाल श्वेत हो गए हैं।

भागीरथ–यह तो सगुन है। देख लेना मैं सारा माल बेच, मेले से तुम्हारे लिए अच्छी–अच्छी चीजें लाऊंगा।

यह कह गाड़ी पर बैठ, वह चल दिया। आधी दूर जाकर उसे एक सौदागर मिला, जिससे उसकी जानपहचान थी। वे दोनों रात को एक ही सराय में ठहरे। संध्या समय भोजन कर पास की कोठरियों में सो गए।

भागीरथ को सबेरे जाग उठने का अभ्यास था। उसने यह विचार करके कि ठंडे-ठंडे राह चलना सुगम होगा, मुंहअंधेरे उठ, गाड़ी तैयार करायी और भटियारे के दाम चुकाकर चलता बना। पच्चीस कोस जाने पर घोड़ों को आराम देने के लिए एक सराय में ठहरा और आंगन में बैठकर सितार बजाने लगा।

अचानक एक गाड़ी आयी–पुलिस का एक कर्मचारी और दो सिपाही उतरे। कर्मचारी उसके समीप आकर पूछने लगा कि तुम कौन हो और कहां से आये हो? वह सबकुछ बतलाकर बोला कि आइए, भोजन कीजिए। परन्तु कर्मचारी बार-बार यही पूछता था कि तुम रात को कहां ठहरे थे? अकेले थे या कोई साथ था? तुमने साथी को आज सवेरे देखा या नहीं। तुम मुंह अंधेरे क्यों चले आये?

भागीरथ को अचम्भा हुआ कि बात क्या है? यह परश्न क्यों पूछे जा रहे हैं? बोला–आप तो मुझसे इस भांति पूछते हैं, जैसे मैं कोई चोर या डाकू हूं। मैं तो गंगास्नान करने जा रहा हूं। आपको मुझसे क्या मतलब है?

कर्मचारी–मैं इस परान्त का पुलिस अफसर हूं और यह परश्न इसलिए करता हूं कि जिस सौदागर के साथ तुम कल रात सराय में सोए थे, वह मार डाला गया। हम तुम्हारी तलाशी लेने आये हैं।

यह कह वह उसके असबाब की तलाशी लेने लगा। एकाएक थैले में से एक छुरा निकला, वह खून से भरा हुआ था। यह देखकर भागीरथ डर गया।

कर्मचारी–यह छुरा किसका है? इस पर खून कहां से लगा?

भागीरथ चुप रह गया, उसका कंठ रुक गया। हिचकता हुआ कहने लगा–मेरा नहीं मैं नहीं जानता।

कर्मचारी–आज सवेरे हमने देखा कि वह सौदागर गला कटे चारपाई पर पड़ा है। कोठरी अन्दर से बंद थी, सिवाय तुम्हारे भीतर कोई न था। अब यह खून से भरा हुआ छुरा इस थैले में से निकला है। तुम्हारा मुख

ही गवाही दे रहा है। बस, तुमने ही उसे मारा है। बतलाओ, किस तरह मारा और कितने रुपये चुराए हैं?

भागीरथ ने सौगन्ध खाकर कहा–मैंने सौदागर को नहीं मारा। भोजन करने के पीछे फिर मैंने उसे नहीं देखा। मेरे पास अपने आठ हजार रुपये हैं। यह छुरा मेरा नहीं।

परन्तु उसकी बातें उखड़ी हुई थीं, मुख पीला पड़ गया था और वह पापी की भांति भय से कांप रहा था।

पुलिस अफसर ने सिपाहियों को हुक्म दिया कि इसकी मुस्कें कसकर गाड़ी में डाल दो। जब सिपाहियों ने उसकी मुस्कें कसीं, तो वह रोने लगा। अफसर ने पास के थाने पर ले जाकर उसका रुपया-पैसा छीन, उसे हवालात में दे दिया।

इसके बाद दिल्ली में उसके चालचलन की जांच की गई। सब लोगों ने यही कहा कि पहले वह मद्य पीकर बकझक किया करता था, पर अब उसका आचार बहुत अच्छा है। अदालत में तहकीकात होने पर उसे रामपुरनिवासी सौदागर का वध करने और बीस हजार रुपये चुरा लेने का अपराधी ठहराया गया।

भागीरथ की स्त्री को इस बात पर विश्वास न होता था। उसके बालक छोटे-छोटे थे। एक अभी दूध पीता था। वह सबको साथ लेकर पति के पास पहुंची। पहले तो कर्मचारियों ने उसे उससे मिलने की आज्ञा न दी, परन्तु बहुत विनय करने पर आज्ञा मिल गई और पहरे वाले उसे कैद घर में ले गए। ज्योंही उसने अपने पति को बेड़ी पहने हुए चोरों और डाकुओं के बीच में बैठा देखा, वह बेसुध होकर धरती पर गिर पड़ी। बहुत देर में सुध आई। वह बच्चों सहित पति के निकट बैठ गई और घर का हाल कहकर पूछने लगी कि यह क्या बात है? भागीरथ ने सारा वृतांत कह सुनाया।

स्त्री–तो अब क्या हो सकता है?

भागीरथ–हमें महाराज से विनय करनी चाहिए कि वह निरपराधी को जान से न मारें।

स्त्री–मैंने महाराज से विनय की थी, परन्तु वह स्वीकार नहीं हुई।

भागीरथ ने निराश होकर सिर झुका लिया।

स्त्री–देखा, मेरा सपना कैसा सच निकला ! तुम्हें याद है न, मैंने तुमको उस दिन मेले जाने से रोका था। तुम्हें उस दिन न चलना चाहिए था, लेकिन मेरी बात न मानी। सचसच बताओ, तुमने तो उस सौदागर को नहीं मारा न?

भागीरथ–क्या तुम्हें भी मेरे ऊपर संदेह है?

यह कहकर वह रोने लगा। इतने में सिपाही ने आकर स्त्री को वहां से हटा दिया और भागीरथ सदैव के लिए अपने परिवार से विदा हो गया।

घर वालों के चले जाने पर जब भागीरथ ने यह विचारा कि मेरी स्त्री भी मुझे अपराधी समझती है तो मन में कहा–बस, मालूम हो गया, परमात्मा के बिना और कोई नहीं जान सकता कि मैं पापी हूं या नहीं। उसी से दया की आशा रखनी चाहिए। फिर उसने छूटने का कोई यत्न नहीं किया। चारों ओर से निराश होकर ईश्वर के ही भरोसे बैठा रहा।

भागीरथ को पहले तो कोड़े मारे गए। जब घाव भर गए तो उसे लोहग के बन्दी खाने में भेज दिया गया।

वह छब्बीस वर्ष बन्दीखाने में पड़ा रहा। उसके बाल पककर सन् के से हो गए, कमर टेढ़ी हो गई, देह घुल गयी, सदैव उदास रहता। न कभी हंसता, न बोलता, परन्तु भगवान का भजन नित्य किया करता था।

वहां उसने दरी बुनने का काम सीखकर कुछ रुपया जमा किया और भक्तमाल मोल ले ली। दिनभर काम करने के बाद सांझ को जब तक सूरज का प्रकाश रहता, वह पुस्तक को पढ़ा करता और इतवार के दिन बन्दीखाने के निकट वाले मन्दिर में जाकर पूजापाठ भी कर लेता था। जेल के कर्मचारी उसे सुशील जानकर उसका मान करते थे। कैदी लोग उसे बूढ़े बाबा अथवा महात्मा कहकर पुकारा करते थे। कैदियों को जब कभी कोई अजीर भेजनी होती, तो वे उसे अपना मुखिया बनाते और अपने झगड़े भी उसी से चुकाया करते।

उसे घर का कोई समाचार न मिलता था। उसे यह भी न मालूम था कि स्त्री बालक जीते हैं या मर गए।

एक दिन कुछ नये कैदी आये। संध्या समय पुराने कैदी उनके पास आकर पूछने लगे कि भाई, तुम कहां से आये हो और तुमने क्या-क्या अपराध किए हैं? भागीरथ उदास बैठा सुनता रहा। नये कैदियों में एक

साठ वर्ष का हट्टा-कट्टा आदमी, जिसके बाल खूब छटे हुए थे, अपनी रामकहानी यों सुना रहा था !

भाइयों, मेरे मित्र का घोड़ा एक पेड़ से बंधा हुआ था। मुझे घर जाने की जल्दी पड़ी हुई थी। मैं उस घोड़े पर सवार होकर चला गया। वहां जाकर मैंने घोड़ा छोड़ दिया। मित्र कहीं चला गया था। पुलिस वालों ने चोर ठहराकर मुझे पकड़ लिया। यद्यपि कोई यह नहीं बतला सका कि मैंने किसका घोड़ा चुराया और कहां से, फिर भी चोरी के अपराध में मुझे यहां भेज दिया है। इससे पहले एक बार मैंने ऐसा अपराध किया था कि मैं लोहग में भेजे जाने लायक था, परंतु मुझे उस समय कोई नहीं पकड़ सका। अब बिना अपराध ही यहां भेज दिया गया हूं।

एक कैदी–तुम कहां से आये हो?

नया कैदी–दिल्ली से। मेरा नाम बलदेवसिंह है।

भागीरथ–भला बलदेवसिंह, तुम्हें भागीरथ के घर वालों को कुछ हाल मालूम है, जीते हैं कि मर गए?

बलदेव–जानना क्या? मैं उन्हें भली-भांति जानता हूं। अच्छे मालदार हैं। हां उनका पिता यहीं कहीं कैद है। मेरे ही जैसा अपराध उनका भी था। बूढ़े बाबा, तुम यहां कैसे आये?

भागीरथ अपनी विपत्तिकथा न कही। केवल हाय कहकर बोला–मैं अपने पापों के कारण छब्बीस वर्ष से यहां पड़ा सड़ रहा हूं।

बलदेव–क्या पाप, मैं भी सुनूं?

भागीरथ–भाई, जाने दो, पापों का फल अवश्य भोगना पड़ता है।

वह और कुछ न कहना चाहता था, परंतु दूसरे कैदियों ने बलदेव को सारा हाल कह सुनाया कि वह एक सौदागर का वध करने के अपराध में यहां कैद है। बलदेव ने यह हाल सुना तो भागीरथ को ध्यान से देखने लगा। घुटने पर हाथ मारकर बोला–वाहवाह, बड़ा अचरज है! लेकिन दादा, तुम तो बिल्कुल बूढ़े हो गए।

दूसरे कैदी बलदेव से पूछने लगे कि तुम भागीरथ को देखकर चकित क्यों हुए, तुमने क्या पहले कहीं उसे देखा है? परंतु बलदेव ने उत्तर नहीं दिया।

भागीरथ के चित्त में यह संशय उत्पन्न हुआ कि शायद बलदेव रामपुरी सौदागर के असली मारने वाले को जानता है। बोला–बलदेवसिंह, क्या तुमने यह बात सुनी है और मुझे भी पहले कहीं देखा है।

बलदेव–वह बातें तो सारे संसार में फैल रही हैं। मैं किस तरह न सुनता, बहुत दिन बीत गए, मुझे कुछ याद नहीं रहा।

भागीरथ–तुम्हें मालूम है कि उस सौदागर को किसने मारा था?

बलदेव–(हंसकर) जिसके थैले में छुरा निकला, वही उसका मारने वाला।

यदि किसी ने थैले में छुरा छिपा भी दिया हो, तो जब तक कोई पकड़ा न जाए, उसे चोर कौन कह सकता है? थैला तुम्हारे सिरहाने धरा था। यदि कोई दूसरा पास आकर छुरा थैले में छिपाता तो तुम अवश्य जाग उठते।

यह बातें सुनकर भागीरथ को निश्चय हो गया कि सौदागर को इसी ने मारा है। वह उठकर वहां से चल दिया, पर सारी रात जागता रहा। दुःख से उसका चित्त व्याकुल हो रहा था। उसे अनेक प्रकार की बातें याद आने लगीं। पहले स्त्री की उस समय की सूरत दिखाई दी जब वह उसे मेले जाने को मना कर रही थी। सामने ऐसा जान पड़ा कि वह खड़ी है। उसकी बोली और हंसी तक सुनाई दी। फिर बालक दिखाई पड़े, फिर युवावस्था की याद आयी, कितना प्रसन्नचित्त था, कैसा आनन्द से द्वार पर बैठा सितार बजाया करता था। फिर वह सराय दिखाई दी, जहां वह पकड़ा गया था। तब वह जगह सामने आयी, जहां उस पर कोड़े लगे थे। फिर बेड़ी और बंदीखाना, फिर बुढ़ापा और छब्बीस वर्ष का दुःख। यह सब बातें उसकी आंखों में फिरने लगीं। वह इतना दुःखी हुआ कि जी में आया कि अभी प्राण दे दूं।

'हाय, इस बलदेव चंडाल ने यह क्या किया! मैं तो अपना सर्वनाश करके भी इससे बदला अवश्य लूंगा।'

सारी रात भजन करने पर भी उसे शांति नहीं हुई। दिन में उसने बलदेव को देखा तक नहीं। पंद्रह दिन बीत गए, भागीरथ की यह दशा थी कि न रात को नींद, न दिन को चैन। क्रोधाग्नि में जल रहा था।

एक रात वह जेलखाने में टहल रहा था कि उसने कैदियों के सोने के चबूतरे के नीचे से मिट्टी गिरते देखी। वह वहीं ठहर गया कि देखूं मिट्टी कहां से आ रही है। सहसा बलदेव चबूतरे के नीचे से निकल आया और भय से कांपने लगा। भागीरथ आंखें मूंदकर आगे जाना चाहता था कि बलदेव ने उसका हाथ पकड़ लिया और बोला–देखो, मैंने जूतों में मिट्टी भर के बाहर फेंककर यह सुरंग लगायी है, चुप रहना। मैं तुमको यहां से भगा देता हूं। यदि शोर करोगे तो जेल के अफसर मुझे जान से मार डालेंगे, परंतु याद रखो कि तुम्हें मारकर मरुंगा, यों नहीं मरता।

भागीरथ अपने शत्रु को देखकर क्रोध से कांप उठा और हाथ छुड़ाकर बोला–मुझे भागने की इच्छा नहीं और मुझे मारे तो तुम्हें छब्बीस वर्ष हो चुके। रही यह हाल प्रकट करने की बात, जैसी परमात्मा की आज्ञा होगी, वैसा होगा।

अगले दिन जब कैदी बाहर काम करने गये तो पहरे वालों ने सुरंग की मिट्टी बाहर पड़ी देख ली। खोज लगाने पर सुरंग का पता चल गया। हाकिम सब कैदियों से पूछने लगे। किसी ने न बतलाया, क्योंकि वे जानते थे कि यदि बतला दिया तो बलदेव मारा जाएगा। अफसर भागीरथ को सत्यवादी जानते थे, उससे पूछने लगे–बूढ़े बाबा, तुम सच्चे आदमी हो सच बताओ कि यह सुरंग किसने लगायी है?

बलदेव पास ही ऐसे खड़ा था कि कुछ जानता ही नहीं। भागीरथ के होंठ और हाथ कांप रहे थे। चुपचाप विचार करने लगा कि जिसने मेरा सारा जीवन नाश कर दिया, उसे क्यों छिपाऊं? दुःख का बदला दुःख उसे अवश्य भोगना चाहिए, परन्तु बतला देने पर फिर वह बच नहीं सकता। शायद यह सब मेरा भरम मात्र हो, सौदागर को किसी और ने ही मारा हो। यदि इसने ही मारा तो इसे मरवा देने से मुझे क्या लाभ होगा?

अफसर–बाबा, चुप क्यों हो गए? बतलाते क्यों नहीं?

भागीरथ–मैं कुछ नहीं बतला सकता, आप जो चाहें सो करें।

हाकिम ने बारबार पूछा, परंतु भागीरथ ने कुछ भी नहीं बतलाया। बात टल गई।

उसी रात भागीरथ जब अपनी कोठरी में लेटा हुआ था, बलदेव चुपके से भीतर आकर बैठ गया। भागीरथ ने देखा और कहा–बलदेवसिंह, अब और क्या चाहते हो? यहां तुम क्यों आये?

बलदेव चुप रहा।

भागीरथ–तुम क्या चाहते हो? यहां से चले जाओ, नहीं तो मैं पहरे वाले को बुला लूंगा।

बलदेव–(पांव पर पड़कर) भागीरथ, मुझे क्षमा करो, क्षमा करो।

भागीरथ–क्यों?

बलदेव–मैंने ही उस सौदागर को मारकर छुरा तुम्हारे थैले में छिपाया था। मैं तुम्हें भी मारना चाहता था। परंतु बाहर से आहट हो गई, मैं छुरा थैले में रखकर भाग निकला।

भागीरथ चुप हो गया, कुछ नहीं बोला।

बलदेव–भाई भागीरथ, भगवान के वास्ते मुझ पर दया करो, मुझे क्षमा करो। मैं कल अपना अपराध अंगीकार कर लूंगा। तुम छूटकर अपने घर चले जाओगे।

भागीरथ–बातें बनाना सहज है। छब्बीस वर्ष के इस दुःख को देखो, अब मैं कहां जा सकता हूं? स्त्री मर गई, लड़के भूल गए, अब तो मेरा कहीं ठिकाना नहीं है।

बलदेव धरती से माथा फोड़, रो-रोकर कहने लगा–मुझे कोड़े लगने पर भी इतना कष्ट नहीं हुआ था, जो अब तुम्हें देखकर हो रहा है। तुमने दया करके सुरंग की बात नहीं बतलायी। क्षमा करो, क्षमा करो, मैं अत्यन्त दुःखी हो रहा हूं!

यह कह बलदेव दहाड़ मारकर रोने लगा। भागीरथ के नेत्रों से भी जल की धारा बह निकली। बोला–पूर्ण परमात्मा, तुम पर दया करें, कौन जाने कि मैं अच्छा हूं अथवा तुम अच्छे हो। मैंने तुम्हें क्षमा किया।

अगले दिन बलदेवसिंह ने स्वयं कर्मचारियों के पास जाकर सारा हाल सुनाकर अपना अपराध मान लिया, परंतु भागीरथ को छोड़ देने का जब परवाना आया, तो उसका देहान्त हो चुका था।

6

एक चिनगारी घर को जला देती है

एक समय एक गांव में रहीम खां नामक एक मालदार किसान रहता था। उसके तीन पुत्र थे, सब युवक और काम करने में चतुर थे। सबसे बड़ा ब्याहा हुआ था, मंझला ब्याहने को था, छोटा क्वांरा था। रहीम की स्त्री बहुत चतुर और सुशील थी। घर के सभी प्राणी अपना-अपना काम करते थे, केवल रहीम का बूढ़ा बाप दमे के रोग से पीड़ित होने के कारण कुछ कामकाज न करता था। सात बरसों से वह केवल खाट पर पड़ा रहता था। रहीम के पास तीन बैल, एक गाय, एक बछड़ा, पंद्रह भेड़ें थीं। स्त्रियां खेती के काम में सहायता करती थी। अनाज बहुत पैदा हो जाता था। रहीम और उसके बाल-बच्चे बड़े आराम से रहते, अगर पड़ोसी करीम के लंगड़े पुत्र कादिर के साथ इनका एक ऐसा झगड़ा न छिड़ गया होता जिससे सुखचैन जाता रहा था।

जब तक बूढ़ा करीम जीता रहा और रहीम का पिता घर का प्रबंध करता रहा, कोई झगड़ा नहीं हुआ। वह बड़े प्रेमभाव से, जैसा कि

पड़ोसियों में होना चाहिए, एक-दूसरे की सहायता करते रहे। लड़कों का घरों को संभालना था कि सबकुछ बदल गया।

अब सुनिए कि झगड़ा किस बात पर छिड़ा। रहीम की बहू ने कुछ मुर्गियां पाल रखी थीं। एक मुर्गी नित्य पशुशाला में जाकर अंडा दिया करती थी। बहू शाम को वहां जाती और अंडा उठा लाती। एक दिन दैव गति से वह मुर्गी बालकों से डरकर पड़ोसी के आंगन में चली गयी और वहां अंडा दे आई। शाम को बहू ने पशुशाला में जाकर देखा तो अंडा वहां न था। सास से पूछा, उसे क्या मालूम था। देवर बोला कि मुर्गी पड़ोसिन के आंगन में कुड़कुड़ा रही थी, शायद वहां अंडा दे आयी हो।

बहू वहां पहुंचकर अंडा खोजने लगी। भीतर से कादिर की माता निकलकर पूछने लगी-बहू, क्या है?

बहू-मेरी मुर्गी तुम्हारे आंगन में अंडा दे गई है, उसे खोजती हूं। तुमने देखा हो तो बता दो।

कादिर की मां ने कहा-मैंने नहीं देखा। क्या हमारी मुर्गियां अंडे नहीं देतीं कि हम तुम्हारे अंडे बटोरती फिरेंगी। दूसरों के घर जाकर अंडे खोजने की हमारी आदत नहीं।

यह सुनकर बहू आग हो गई, लगी बकने। कादिर की मां कुछ कम न थी, एक-एक बात के सौ-सौ उत्तर दिये। रहीम की स्त्री पानी लाने बाहर निकली थी। गाली-गलौच का शोर सुनकर वह भी आ पहुंची। उधर से कादिर की स्त्री भी दौड़ पड़ी। अब सबकी-सब इकट्ठी होकर लगीं गालियां बकने और लड़ने। कादिर खेत से आ रहा था, वह भी आकर मिल गया। इतने में रहीम भी आ पहुंचा। पूरा महाभारत हो गया। अब दोनों गुंथ गए। रहीम ने कादिर की दाढ़ी के बाल उखाड़ डाले। गांव वालों ने आकर बड़ी मुश्किल से उन्हें छुड़ाया। पर कादिर ने अपनी दाढ़ी के बाल उखाड़ लिये और हाकिम परगना के इजलास में जाकर कहा-मैंने दाढ़ी इसलिए नहीं रखी थी जो यों उखाड़ी जाये। रहीम से हरजाना लिया जाए। पर रहीम के बूढ़े पिता ने उसे समझाया-बेटा, ऐसी तुच्छ बात पर लड़ाई करना मूर्खता नहीं तो क्या है। जरा विचार तो करो, सारा बखेड़ा

सिर्फ एक अंडे से फैला है। कौन जाने शायद किसी बालक ने उठा लिया हो और फिर अंडा था कितने का? परमात्मा सबका पालन-पोषण करता है। पड़ोसी यदि गाली दे भी दे, तो क्या गाली के बदले गाली देकर अपनी आत्मा को मलिन करना उचित है? कभी नहीं, खैर! अब तो जो होना था, वह हो ही गया, उसे मिटाना उचित है, बढ़ाना ठीक नहीं। क्रोध पाप का मूल है। याद रखो, लड़ाई बढ़ाने से तुम्हारी ही हानि होगी।

परन्तु बूढ़े की बात पर किसी ने कान न धरा। रहीम कहने लगा कि कादिर को धन का घमंड है, मैं क्या किसी का दिया खाता हूं? बड़े घर न भेज दिया तो कहना। उसने भी नालिश ठोंक दी।

यह मुकदमा चल ही रहा था कि कादिर की गाड़ी की एक कील खो गई। उसके परिवार वालों ने रहीम के बड़े लड़के पर चोरी की नालिश कर दी।

अब कोई दिन ऐसा न जाता था कि लड़ाई न हो। बड़ों को देखकर बालक भी आपस में लड़ने लगे। जब कभी वस्त्र धोने के लिए स्त्रियां नदी पर इकट्ठी होती थीं, तो सिवाय लड़ाई के कुछ काम न करती थीं।

पहले पहल तो गाली गलौज पर ही बस हो जाती थी, पर अब वे एकदूसरे का माल चुराने लगे। जीना दुर्लभ हो गया। न्याय चुकाते-चुकाते वहां के कर्मचारी थक गए। कभी कादिर रहीम को कैद करा देता, कभी वह उसको बंदीखाने भिजवा देता। कुत्तों की भांति जितना ही लड़ते थे, उतना ही क्रोध बढ़ता था। छह वर्ष तक यही हाल रहा। बूढ़े ने बहुतेरा सिर पटका कि लड़को, क्या करते हो? बदला लेना छोड़ दो, बैर भाव त्यागकर अपना काम करो। दूसरों को कष्ट देने से तुम्हारी ही हानि होगी।' परंतु किसी के कान पर जूं तक न रेंगती थी।

सातवें वर्ष गांव में किसी के घर विवाह था। स्त्री-पुरुष जमा थे। बातें करते-करते रहीम की बहू ने कादिर पर घोड़ा चुराने का दोष लगाया। वह आग हो गया, उठकर बहू को ऐसा मुक्का मारा कि वह सात दिन चारपाई पर पड़ी रही। वह उस समय गर्भवती थी। रहीम बड़ा प्रसन्न हुआ कि अब काम बन गया। गर्भवती स्त्री को मारने के अपराध में इसे बंदीखाने न भिजवाया तो मेरा नाम रहीम ही नहीं। झट जाकर नालिश कर

दी। तहकीकात होने पर मालूम हुआ कि बहू को कोई बड़ी चोट नहीं आई, मुकदमा खारिज हो गया। रहीम कब चुप रहने वाला था। ऊपर की कचहरी में गया और मुंशी को घूस देकर कादिर को बीस कोड़े मारने का हुक्म लिखवा दिया।

उस समय कादिर कचहरी से बाहर खड़ा था, हुक्म सुनते ही बोला-कोड़ों से मेरी पीठ तो जलेगी ही, परन्तु रहीम को भी भस्म किए बिना न छोड़ूँगा।

रहीम तुरन्त अदालत में गया और बोला-हुजूर, कादिर मेरा घर जलाने की धमकी देता है। कई आदमी गवाह हैं।

हाकिम ने कादिर को बुलाकर पूछा कि क्या बात है।

कादिर-सब झूठ, मैंने कोई धमकी नहीं दी। आप हाकिम हैं। जो चाहें सो करें, पर क्या न्याय इसी को कहते हैं कि सच्चा मारा जाए और झूठा चैन करे?

कादिर की सूरत देखकर हाकिम को निश्चय हो गया कि वह अवश्य रहीम को कोई न कोई कष्ट देगा। उसने कादिर को समझाते हुए कहा-देखो भाई, बुद्धि से काम लो। भला कादिर, गर्भवती स्त्री को मारना क्या ठीक था? यह तो ईश्वर की बड़ी कृपा हुई कि चोट नहीं आई, नहीं तो क्या जाने, क्या हो जाता। तुम विनय करके रहीम से अपना अपराध क्षमा करा लो, मैं हुक्म बदल डालूंगा।

मुंशी-दफा एक सौ सत्तरह के अनुसार हुक्म नहीं बदला जा सकता।

हाकिम-चुप रहो। परमात्मा को शांति प्रिय है, उसकी आज्ञा पालन करना सबका मुख्य धर्म है।

कादिर बोला-हुजूर, मेरी अवस्था अब पचास वर्ष की है। मेरे एक ब्याह हुआ पुत्र भी है। आज तक मैंने कभी कोड़े नहीं खाए। मैं और उससे क्षमा? कभी नहीं मांग सकता। वह भी मुझे याद करेगा।

यह कहकर कादिर बाहर चला गया।

कचहरी गांव से सात मील पर थी। रहीम को घर पहुंचते-पहुंचते अंधेरा हो गया। उस समय घर में कोई न था। सब बाहर गए हुए थे। रहीम भीतर जाकर बैठ गया और विचार करने लगा। कोड़े लगने का

हुक्म सुनकर कादिर का मुख कैसा उतर गया था! बेचारा दीवार की ओर मुंह करके रोने लगा था। हम और वह कितने दिन तक एक साथ खेले हैं, मुझे उस पर इतना क्रोध न करना चाहिए था। यदि मुझे कोड़े मारने का हुक्म सुनाया जाता, तो मेरी क्या दशा होती।

इस पर उसे कादिर पर दया आई। इतने में बूढ़े पिता ने आकर पूछा-कादिर को क्या दंड मिला?

रहीम-बीस कोड़े।

बूढ़ा-बुरा हुआ। बेटा, तुम अच्छा नहीं करते। इन बातों में कादिर की उतनी ही हानि होगी जितनी तुम्हारी। भला, मैं यह पूछता हूं कि कादिर पर कोड़े पड़ने से तुम्हें क्या लाभ होगा?

रहीम-वह फिर ऐसा काम नहीं करेगा।

बूढ़ा-क्या नहीं करेगा, उसने तुमसे बढ़कर कौन-सा बुरा काम किया है?

रहीम-वाह वाह, आप विचार तो करें कि उसने मुझे कितना कष्ट दिया है। स्त्री मरने से बची, अब घर जलाने की धमकी देता है, तो क्या मैं उसका जस गाऊं?

बूढ़ा-(आह भरकर) बेटा, मैं घर में पड़ा रहता हूं और तुम सर्वत्र घूमते हो, इसलिए तुम मुझे मूर्ख समझते हो। लेकिन द्रोह ने तुम्हें अंधा बना रखा है। दूसरों के दोष तुम्हारे नेत्रों के सामने हैं, अपने दोष पीठ पीछे हैं। भला, मैं पूछता हूं कि कादिर ने क्या किया! एक के करने से भी कभी लड़ाई हुआ करती है? कभी नहीं, दो बिना लड़ाई नहीं हो सकती। यदि तुम शान्त स्वभाव के होते, लड़ाई कैसे होती? भला जवाब तो दो, उसकी दाढ़ी के बाल किसने उखाड़े! उसका भूसा किसने चुराया? उसे अदालत में किसने घसीटा? तिस पर सारे दोष कादिर के माथे ही थोप रहे हो! तुम आप बुरे हो, बस यही सारे झगड़े की जड़ है। क्या मैंने तुम्हें यही शिक्षा दी है? क्या तुम नहीं जानते कि मैं और कादिर का पिता किस प्रेमभाव से रहते थे। यदि किसी के घर में अन्न चुक जाता था, तो एक-दूसरे से उधार लेकर काम चलता था, यदि कोई किसी और काम में लगा होता था, तो दूसरा उसके पशु चरा लाता था। एक को किसी वस्तु की जरूरत होती थी, तो दूसरा तुरन्त दे देता था। न कोई लड़ाई थी न

झगड़ा, प्रेम-प्रीतिपूर्वक जीवन व्यतीत करता था। अब? अब तो तुमने महाभारत बना रखा है, क्या इसी का नाम जीवन है? हाय! हाय! यह तुम क्या पाप कर्म कर रहे हो? तुम घर के स्वामी हो, यमराज के सामने तुम्हें उत्तर देना होगा। बालकों और स्त्रियों को तुम क्या शिक्षा दे रहे हो, गाली बकना और ताने देना! कल तारावती पड़ोसिन धनदेवी को गालियां दे रही थी। उसकी माता पास बैठी सुन रही थी। क्या यही भलमनसी है? क्या गाली का बदला गाली होना चाहिए? नहीं बेटा, नहीं, महापुरुषों का वचन है कि कोई तुम्हें गाली दे तो सह लो, वह स्वयं पछताएगा। यदि कोई तुम्हारे गाल पर एक चपत मारे, तो दूसरा गाल उसके सामने कर दो, वह लज्जित और नम्र होकर तुम्हारा भक्त हो जाएगा। अभिमान ही सब दुःख का कारण है–तुम चुप क्यों हो गए! क्या मैं झूठ कहता हूं?

रहीम चुप रह गया, कुछ नहीं बोला।

बूढ़ा-महात्माओं का वाक्य क्या असत्य है, कभी नहीं। उसका एक-एक अक्षर पत्थर की लकीर है। अच्छा, अब तुम अपने इस जीवन पर विचार करो। जब से यह महाभारत आरम्भ हुआ है, तुम सुखी हो अथवा दुःखी! जरा हिसाब तो लगाओ कि इन मुकदमों, वकीलों और जाने-आने में कितना रुपया खर्च हो चुका है। देखो, तुम्हारे पुत्र कैसे सुन्दर और बलवान हैं, लेकिन तुम्हारी आमदनी घटती जाती है। क्यों? तुम्हारी मूर्खता से। तुम्हें चाहिए कि लड़कों सहित खेती का काम करो। पर तुम पर तो लडाई का भूत सवार है, वह चैन लेने नहीं देता। पिछले साल जई क्यों नहीं उगी, इसलिए कि समय पर नहीं बोई गई। मुकदमे चलाओ कि जई बोओ। बेटा, अपना काम करो, खेती-बारी को सम्हालो। यदि कोई कष्ट दे तो उसे क्षमा करो, परमात्मा इसी से प्रसन्न रहता है। ऐसा करने पर तुम्हारा अंतःकरण शुद्ध होकर तुम्हें आनन्द प्राप्त होगा।

रहीम कुछ नहीं बोला।

बूढ़ा-बेटा, अपने बूढ़े, मूर्ख पिता का कहना मानो। जाओ, कचहरी में जाकर आपस में राजीनामा कर लो। कल शबेरात है, कादिर के घर जाकर नम्रतापूर्वक उसे नेवता दो और घर वालों को भी यही शिक्षा दो कि बैर छोड़कर आपस में प्रेम बढ़ाएँ।

पिता की बातें सुनकर रहीम के मन में विचार हुआ कि पिताजी सच कहते हैं। इस लड़ाई-झगड़े से हम मिट्टी में मिले जाते हैं। लेकिन इस महाभारत को किस प्रकार समाप्त करूं? बूढ़ा उसके मन की बात जानकर बोला-बेटा, मैं तुम्हारे मन की बात जान गया। लज्जा त्याग जाकर कादिर से मित्रता कर लो। फैलने से पहले ही चिनगारी को बुझा देना उचित है, फैल जाने पर फिर कुछ नहीं बनता।

बूढ़ा कुछ और कहना चाहता था कि स्त्रियां कोलाहल करती हुई भीतर आ गईं, उन्होंने कादिर के दंड का हाल सुन लिया था। हाल में पड़ोसिन से लड़ाई करके आई थीं, आकर कहने लगीं कि कादिर यह भय दिखाता है कि मैंने घूस देकर हाकिम को अपनी ओर फेर लिया है, रहीम का सारा हाल लिखकर महाराज की सेवा में भेजने के लिए विनयपत्र तैयार किया है। देखो, क्या मजा चखाता हूं। आधी जायदाद न छीन ली तो बात ही क्या है? यह सुनना था कि रहीम के चित्त में फिर आग दहक उठी।

आषाढ़ी बोने की ऋतु थी। करने को काम बहुत था। रहीम भुसौल में गया और पशुओं को भूसा डालकर कुछ काम करने लगा। इस समय वह पिता की बातें और कादिर के साथ लड़ाई सब कुछ भूला हुआ था। रात को घर में आकर आराम करना ही चाहता था कि पास से शब्द सुनाई दिया-वह दुष्ट वध करने ही योग्य है, जीकर क्या बनाएगा। इन शब्दों ने रहीम को पागल बना दिया। वह चुपचाप खड़ा कादिर को गालियां सुनाता रहा। जब वह चुप हो गया, तो वह घर में चला गया।

भीतर आकर देखा कि बहू बैठी ताक रही है, स्त्री भोजन बना रही है, बड़ा लड़का दूध गर्म कर रहा है, मंझला झाड़ू लगा रहा है, छोटा भैंस चराने बाहर जाने को तैयार है। सुख की यह सब सामग्री थी, परन्तु पड़ोसी के साथ लड़ाई का दुःख सहा न जाता था।

वह जला-भुना भीतर आया। उसके कान में पड़ोसी के शब्द गूंज रहे थे, उसने सबसे लड़ना आरम्भ किया। इतने में छोटा लड़का भैंस चराने बाहर जाने लगा। रहीम भी उसके साथ बाहर चला आया। लड़का तो

चल दिया, वह अकेला रह गया। रहीम मन में सोचने लगा-कादिर बड़ा दुष्ट है, हवा चल रही है, ऐसा न हो पीछे से आकर मकान में आग लगाकर भाग जाए। क्या अच्छा हो कि जब वह आग लगाने आए, तब उसे मैं पकड़ लूं। बस फिर कभी नहीं बच सकता, अवश्य उसे बन्दीखाने जाना पड़े।

यह विचार करके वह गली में पहुंच गया। सामने उसे कोई चीज हिलती दिखाई दी। पहले तो वह समझा कि कादिर है, पर वहां कुछ न था–चारों ओर सन्नाटा था।

थोड़ी दूर आगे जाकर देखता क्या है कि पशुशाला के पास एक मनुष्य जलता हुआ फूस का पूला हाथ में लिए खड़ा है। ध्यान से देखने पर मालूम हुआ कि कादिर है। फिर क्या था, जोर से दौड़ा कि उसे जाकर पकड़ ले।

रहीम अभी वहां पहुंचने न पाया था कि छप्पर में आग लगी, उजाला होने पर कादिर प्रत्यक्ष दिखाई देने लगा। रहीम बाज की तरह झपटा, लेकिन कादिर उसकी आहट पाकर चम्पत हो गया।

रहीम उसके पीछे दौड़ा। उसके कुरते का पल्ला हाथ में आया ही था कि वह छुड़ाकर फिर भागा। रहीम धड़ाम से पृथ्वी पर गिर पड़ा, उठकर फिर दौड़ा। इतने में कादिर अपने घर पहुंच गया। रहीम वहां जाकर उसे पकड़ना चाहता था कि उसने ऐसा लट्ठ मारा कि रहीम चक्कर खाकर बेसुध हो धरती पर गिर पड़ा। सुध आने पर उसने देखा कि कादिर वहां नहीं है, फिरकर देखता है तो पशुशाला का छप्पर जल रहा है, ज्वाला प्रचंड हो रही है और लपटें निकल रही हैं।

रहीम सिर पीटकर पुकारने लगा-भाइयो, यह क्या हुआ! हाय, मेरा सत्यानाश हो गया! चिल्लाते-चिल्लाते उसका कंठ बैठ गया। वह दौड़ना चाहता था, परन्तु उसकी टांगें लड़खड़ा गईं। वह धम से धरती पर गिर पड़ा, फिर उठा, घर के पास पहुंचते-पहुंचते आग चारों ओर फैल गई। अब क्या बन सकता है? भय से पड़ोसी भी अपना असबाब बाहर फेंकने लगे। वायु के वेग से कादिर के घर में भी आग जा लगी, यहां तक कि

आधा गांव जलकर राख का ढेर हो गया। रहीम और कादिर दोनों का कुछ न बचा। मुर्गियां, हल, गाड़ी, पशु, वस्त्र, अन्न, भूसा आदि सब कुछ स्वाहा हो गया। इतना अच्छा हुआ कि किसी की जान नहीं गई।

आग रात भर जलती रही। वह कुछ असबाब उठाने भीतर गया, परन्तु ज्वाला ऐसी प्रचंड थी कि जा न सका। उसके कपड़े और दाढ़ी के बाल झुलस गए।

प्रातःकाल गांव के चौधरी का बेटा उसके पास आया और बोला-रहीम, तुम्हारे पिता की दशा अच्छी नहीं है। वह तुम्हें बुला रहे हैं। रहीम तो पागल हो रहा था, बोला-कौन पिता जी?

चौधरी का बेटा-तुम्हारे पिता। इसी आग ने उनका काम तमाम कर दिया है। हम उन्हें यहां से उठाकर अपने घर ले गए थे। अब वह बच नहीं सकते। चलो, अंतिम भेंट कर लो।

रहीम उसके साथ हो लिया। वहां पहुंचने पर चौधरी ने बूढ़े को खबर दी कि रहीम आ गया है।

बूढ़े ने रहीम को अपने निकट बुलाकर कहा-बेटा, मैंने तुमसे क्या कहा था। गांव किसने जलाया?

रहीम-कादिर ने। मैंने आप उसे छप्पर में आग लगाते देखा था। यदि मैं उसी समय उसे पकड़कर पूले को पैरों तले मल देता, तो आग कभी न लगती।

बूढ़ा-रहीम, मेरा अन्त समय आ गया। तुमको भी एक दिन अवश्य मरना है, पर सच बतलाओ कि दोष किसका है?

रहीम चुप हो गया।

बूढ़ा-बताओ, कुछ बोलो तो, फिर यह सब किसकी करतूत है, किसका दोष है?

रहीम-(आंखों में आंसू भरकर) मेरा! पिताजी, क्षमा कीजिए, मैं खुदा और आप दोनों का अपराधी हूं।

बूढ़ा-रहीम!

रहीम-हां, पिताजी।

बूढ़ा-जानते हो अब क्या करना उचित है?

रहीम-मैं क्या जानूं, मेरा तो अब गांव में रहना कठिन है।

बूढ़ा-यदि तू परमेश्वर की आज्ञा मानेगा तो तुझे कोई कष्ट न होगा। देख, याद रख, अब किसी से न कहना कि आग किसने लगाई थी। जो पुरुष किसी का एक दोष क्षमा करता है, परमात्मा उसके दो दोष क्षमा करता है।

यह कहकर खुदा को याद करते हुए बूढ़े ने प्राण त्याग दिए।

रहीम का क्रोध शांत हो गया। उसने किसी को न बतलाया कि आग किसने लगाई थी। पहलेपहल तो कादिर डरता रहा कि रहीम के चुप रह जाने में भी कोई भेद है, फिर कुछ दिनों पीछे उसे विश्वास हो गया कि रहीम के चित्त में अब कोई बैरभाव नहीं रहा।

बस, फिर क्या था–प्रेम में शत्रु भी मित्र हो जाते हैं। वे पास-पास घर बनाकर पड़ोसियों की भांति रहने लगे।

रहीम अपने पिता का उपदेश कभी न भूलता था कि फैलने से पहले ही चिनगारी को बुझा देना उचित है। अब यदि कोई कष्ट देता, तो वह बदला लेने की इच्छा नहीं करता। यदि कोई उसे गाली देता, तो सहन करके वह यह उपदेश करता कि कुवचन बोलना अच्छा नहीं। अपने घर के प्राणियों को भी वह यही उपदेश दिया करता। पहले की अपेक्षा अब उसका जीवन बड़े आनन्दपूर्वक कटता है।

7

दो वृद्ध पुरुष

एक गांव में अर्जुन और मोहन नाम के दो किसान रहते थे। अर्जुन धनी था, मोहन साधारण पुरुष था। उन्होंने चिरकाल से बद्रीनारायण की यात्रा का इरादा कर रखा था।

अर्जुन बड़ा सुशील, साहसी और दृढ़ था। दो बार गांव का चौधरी रहकर उसने बड़ा अच्छा काम किया था। उसके दो लड़के तथा एक पोता था। उसकी साठ वर्ष की अवस्था थी, परन्तु नाल अभी तक नहीं पकी थी।

मोहन प्रसन्न बदन, दयालु और मिलनसार था। उसके दो पुत्र थे, एक घर में था, दूसरा बाहर नौकरी पर गया हुआ था। वह खुद घर में बैठा-बैठा बढ़ई का काम करता था।

बद्रीनारायण की यात्रा का संकल्प किए उन्हें बहुत दिन हो चुके थे। अर्जुन को छुट्टी ही नहीं मिलती थी। एक काम समाप्त होता था कि दूसरा आकर घेर लेता था। पहले पोते का ब्याह करना था, फिर छोटे लड़के का गौना आ गया, इसके पीछे मकान बनना प्रारम्भ हो गया। एक दिन बाहर लकड़ी पर बैठकर दोनों बूढ़ों में बातें होने लगी।

मोहन-क्यों भाई, अब यात्रा करने का विचार कब है?

अर्जुन-जरा ठहरो। अब की वर्ष अच्छा नहीं लगा। मैंने यह समझा था कि सौ रुपये में मकान तैयार हो जाएगा। तीन सौ रुपये लगा चुके हैं अभी दिल्ली दूर है। अगले वर्ष चलेंगे।

मोहन–शुभ कार्य में देरी करना अच्छा नहीं होता। मेरे विचार में तो तुरंत चल देना ही उचित है, दिन बहुत अच्छे हैं।

अर्जुन–दिन तो अच्छे हैं, पर मकान को क्या करुँ! इसे किस पर छोड़ूँ?

मोहन–क्या कोई संभालने वाला ही नहीं, बड़े लड़के को सौंप दो।

अर्जुन–उसका क्या भरोसा है।

मोहन–वाह-वाह, भला बताओ तो कि मरने पर कौन संभालेगा? इससे तो यह अच्छा है कि जीतेजी संभाल लें और तुम सुख से जीवन व्यतीत करो।

अर्जुन–यह सत्य है, पर किसी काम में हाथ लगाकर उसे पूरा करने की इच्छा सभी की होती है।

मोहन–तो काम कभी पूरा नहीं होता, कुछ न कुछ कसर रह ही जाती है। कल ही की बात है कि रामनवमी के लिए स्त्रियां कई दिन से तैयारी कर रही थीं–कहीं लिपाई होती थी, कहीं आटा पीसा जाता था। इतने में रामनवमी आ पहुंची। बहू बोली, परमेश्वर की बड़ी कृपा है कि त्योहार बिना बुलाए ही आ जाते हैं, नहीं तो हम अपनी तैयारी ही करती रहें।

अर्जुन–एक बात और है, इस मकान पर मेरा बहुत रुपया खर्च हो गया है। इस समय रुपये का भी तोड़ा है। कमसे-कम सौ रुपये तो हों, नहीं तो यात्रा कैसे होगी।

मोहन–(हंसकर) अहा हा! जो जितना धनवान होता है, वह उतना ही कंगाल होता है तुम और रुपये की चिंता! जाने दो। मैं सच कहता हूं, इस समय मेरे पास एक सौ रुपये भी नहीं, परन्तु जब चलने का निश्चय हो जायेगा, तो रुपया भी कहीं न कहीं से अवश्य आ ही जाएगा। बस, यह बतलाओ कि चलना कब है?

अर्जुन–तुमने रुपये जोड़ रखे होंगे, नहीं तो कहां से आ जाएगा, बताओ तो सही।

मोहन–कुछ घर में से, कुछ माल बेचकर। पड़ोसी कुछ चौखट आदि मोल लेना चाहता है, उसे सस्ती दे दूंगा।

अर्जुन–सस्ती बेचने पर पछतावा होगा।

मोहन–मैं सिवाय पाप के और किसी बात पर नहीं पछताता। आत्मा से कौन चीज प्यारी है!

अर्जुन–यह सब ठीक है, परन्तु घर के कामकाज बिसराना भी उचित नहीं।

मोहन–और आत्मा को बिसारना तो और भी बुरा है। जब कोई बात मन में ठान ली तो उसे बिना पूरा किए न छोड़ना चाहिए।

अन्त में चलना निश्चय हो गया। चार दिन पीछे जब विदा होने का समय आया, तो अर्जुन बड़े लड़के को समझाने लगा कि मकान पर छत इस प्रकार डालना, भूसी बखार में इस भांति जमा कर देना, मंडी में जाकर अनाज इस भाव से बेचना, रुपये संभालकर रखना, ऐसा न हो खो जावें, घर का प्रबन्ध ऐसा रखना कि किसी प्रकार की हानि न होने पावे। उसका समझाना समाप्त ही न होता था।

इसके प्रतिकूल मोहन ने अपनी स्त्री से केवल इतना ही कहा कि तुम चतुर हो, सावधानी से काम करती रहना।

मोहन तो घर से प्रसन्न मुख बाहर निकला और गांव छोड़ते ही घर के सारे बखेड़े भूल गया। साथी को प्रसन्न रखना, सुखपूर्वक यात्रा कर घर लौट आना उसका मन्तव्य था। राह चलता था तो ईश्वर सम्बन्धी कोई भजन गाता था या किसी महापुरुष की कथा कहता। सड़क पर अथवा सराय में जिस किसी से भेंट हो जाती, उससे बड़ी नमरता से बोलता।

अर्जुन भी चुपके-चुपके चल तो रहा था, परन्तु उसका चित्त व्याकुल था। सदैव घर की चिंता लगी रहती थी। लड़का अनजान है, कौन जाने क्या कर बैठे। अमुक बात कहना भूल आया। ओहो, देखू, मकान की छत पड़ती है या नहीं। यही विचार उसे हरदम घेरे रहते थे यहां तक कि कभी-कभी लौट जाने को तैयार हो जाता था।

चलते-चलते एक महीना पीछे वे पहाड़ पर पहुंच गए। पहाड़ी बड़े अतिथि सेवक होते हैं अब तक यह मोल का अन्न खाते रहे थे। अब उनकी खातिरदारी होने लगी।

आगे चलकर वे ऐसे देश में पहुंचे, जहां विकट अकाल पड़ा हुआ था। खेतियां सब सूख गई थीं, अनाज का एक दाना भी नहीं उगा था। धनवान कंगाल हो गए थे धनहीन देश को छोड़कर भीख मांगने बाहर भाग गए थे।

यहां उन्हें कुछ कष्ट हुआ, अन्न कम मिलता था और वह भी बड़ा महंगा। रात को उन्होंने एक जगह विश्राम किया। अगले दिन चलते-चलते एक गांव मिला। गांव के बाहर एक झोंपड़ा था। मोहन थक गया था, बोला–मुझे प्यास लगी है। तुम चलो, मैं इस झोंपड़े से पानी पीकर अभी तुम्हें आ मिलता हूं। अर्जुन बोला–अच्छा, पी आओ। मैं धीरे-धीरे चलता हूं।

झोंपड़े के पास जाकर मोहन ने देखा कि उसके आगे धूप में एक मनुष्य पड़ा है। मोहन ने उससे पानी मांगा, उसने कोई उत्तर नहीं दिया। मोहन ने समझा कि कोई रोगी है।

समीप जाने पर झोंपड़े के भीतर एक बालक के रोने का शब्द सुनायी दिया। किवाड़ खुले हुए थे। वह भीतर चला गया।

उसने देखा कि नंगे सिर केवल एक चादर ओढ़े एक बुढ़ी धरती पर बैठी है, पास में भूख का मारा हुआ एक बालक बैठा रोटी, रोटी, पुकार रहा है। चूल्हे के पास एक स्त्री तड़प रही है, उसकी आंखें बन्द हैं, कंठ रुका हुआ है।

मोहन को देखकर बूढ़ी ने पूछा–तुम कौन हो? क्या मांगते हो? हमारे पास कुछ नहीं हैं।

मोहन–मुझे प्यास लगी है, पानी मांगता हूं।

बूढ़ी–यहां न बर्तन है, न कोई लाने वाला। यहां कुछ नहीं। जाओ, अपनी राह लो।

मोहन–क्या तुममें से कोई उस स्त्री की सेवा नहीं कर सकता?

बूढ़ी–कोई नहीं। बाहर मेरा लड़का भूख से मर रहा है, यहां हम भूख से मर रहे हैं।

यह बातें हो ही रही थीं कि बाहर से वह मनुष्य भी गिरता-पड़ता भीतर आया और बोला–काल और रोग दोनों ने हमें मार डाला। यह बालक कई दिन से भूखा है क्या करुं–यह कहकर रोने लगा और उसकी हिचकी बंध गई।

मोहन ने तुरन्त अपने थैले में से रोटी निकालकर उनके आगे रख दी।

बूढ़ी बोली–इनके कंठ सूख गए हैं, बाहर से पानी ले आओ। मोहन बूढ़ी से कुएं का पता पूछकर बाहर गया और पानी ले आया। सबने रोटी खाकर पानी पिया, परन्तु चूल्हें के पास वाली स्त्री पड़ी तड़पती रही। मोहन गांव में जाकर कुछ दाल, चावल मोल ले आया और खिचड़ी पाकर सबको खिलायी।

तब बूढ़ी बोली–भाई, क्या सुनाऊं, निर्धन तो हम पहले ही थे, उस पर पड़ा अकाल। हमारी और भी दुर्गति हो गई। पहलेपहल तो पड़ोसी अन्न उधार देते रहे, परन्तु वे क्या करते। वे आप भूखों मरने लगे, हमें कहां से देते।

मनुष्य ने कहा–मैं मजूरी करने निकला, दो-तीन दिन तो कुछ मिला, फिर किसी ने नौकर न रखा बूढ़ी और लड़की भीख मांगने लगीं। अन्न का अकाल था, कोई भीख भी न देता था। बहुतेरे यत्न किए, कुछ न बन सका। भूख के मारे घास खाने लगे, इसी कारण यह मेरी स्त्री चूल्हे के पास पड़ी तड़प रही है।

बूढ़ी–पहले कई दिनों तक तो मैं चल-फिरकर कुछ धंधा करती रही, परन्तु कहां तक? भूख और रोग ने जान ले ली। जो हाल है, तुम अपने नेत्रों से देख रहे हो।

उनकी व्यथा सुनकर मोहन ने विचारा कि आज रात यहीं रहना उचित हैं साथी से कल मिल लेंगे।

प्रातःकाल उठकर वह गांव में गया और खाने-पीने की जिन्स ले आया। घर में कुछ न था। वह वहां ठहरकर इस तरह काम करने लगा कि मानो अपना ही घर है। दो-तीन दिन पीछे सब चलने-फिरने लगे और वह स्त्री उठ बैठी।

चौथे दिन एकादशी थी। मोहन ने विचारा कि आज संध्या को इन सबके साथ बैठकर फलाहार करके कल प्रातःकाल चल दूंगा।

वह गांव में जाकर दूध, फल सब सामग्री लाकर बूढ़ी को दे, आप पूजा-पाठ करने मन्दिर में चला गया। इन लोगों ने अपनी जमीन एक जमींदार के यहां गिरवी रखकर अकाल के समय अपना निर्वाह किया था।

मोहन जब मन्दिर गया, तब किसान युवक जमींदार के पास पहुंचा और विनयपूर्वक बोला–चौधरी जी, इस समय रुपये देकर खेत छुड़ाना मेरे काबू के बाहर है। यदि आप इस चौमासे में मुझे खेत बोने की आज्ञा दे दें, तो मेहनत-मजदूरी करके आपका ऋण चुका सकता हूं।

परन्तु चौधरी कब मानता था? वह बोला–बिना रुपये दिए खेत नहीं बो सकते जाओ, अपना काम करो। वह निराश होकर घर लौट आया। इतने में मोहन भी पहुंच गया। जमींदार की बात सुनकर वह मन में विचार करने लगा कि जब यह जमींदार खेत नहीं बोने देता, तो इन किसानों की पराणरक्षा क्या करेगा! यदि मैं इन्हें इसी दशा में छोड़कर चल दिया, तो यह सब काल के कौर बन जायेंगे कल नहीं परसों जाऊंगा।

मोहन अब बड़ी दुविधा में पड़ा था। न रहते ही बनता था, न जाते ही बनता था। रात को पड़ा-पड़ा सोचने लगा, यह तो अच्छा बखेड़ा फैला। पहले अन्नपानी, अब खेत छुड़ाना, फिर गाय और बैलों की जोड़ी मोल लेना। मोहन तुम किस जंजाल में फंस गए?

जी चाहता था कि वह उन्हें ऐसे ही छोड़कर चल दे, परन्तु दया जाने न देती थी। सोचते-सोचते आंख लग गई। स्वप्न में देखता क्या है कि वह जाना चाहता है, किसी ने उसे पकड़ लिया है। लौटकर देखा तो बालक रोटी मांग रहा है। वह तुरन्त उठ बैठा और मन में कहने लगा–नहीं, अब मैं नहीं जाता। यह स्वप्न शिक्षा देता है कि मुझे इनका खेत छुड़ाना, गाय-बैल मोल लेना और सारा प्रबन्ध करके जाना उचित है।

प्रातःकाल उठकर जमींदार के पास गया और रुपया देकर उनका खेत छुड़ा दिया। जब एक किसान से एक गाय और दो बैल मोल लेकर लौट रहा था कि राह में स्त्रियों को बातें करते सुना।

बहन, पहले तो हम उसे साधारण मनुष्य जानते थे। वह केवल पानी पीने आया था, पर अब सुना है कि खेत छुड़ाने और गाय-बैल मोल लेने गया है। ऐसे महात्मा के दर्शन करने चाहिए।' मोहन अपनी स्तुति सुनकर वहां से टल गया। गाय-बैल लेकर जब झोंपड़े पर पहुंचा तो किसान ने पूछा–पिताजी, यह कहां से लाये?

मोहन–अमुक किसान से यह बड़े सस्ते मिल गए हैं। जाओ, पशुशाला में बांधकर इनके आगे कुछ भूसा डाल दो।

उसी रात जब सब सो गए, तो मोहन चुपके से उठकर घर से बाहर निकल बद्रीनारायण की राह ली।

तीन मील चलकर मोहन एक वृक्ष के नीचे बैठकर बटुआ निकाल, रुपये गिनने लगा तो थोड़े ही रुपये बाकी थे। उसने सोचा–

इतने रुपयों में बद्रीनाराण पहुंचना असम्भव है, भीख मांगना पाप है। अर्जुन वहां अवश्य पहुंचेगा और आशा है कि मेरे नाम पर कुछ चढ़ावा भी चढ़ा ही देगा। मैं तो अब इस जीवन में यह यात्रा करने का संकल्प पूरा नहीं कर सकता। अच्छा, परमात्मा की इच्छा, वह बड़ा दयालु है। मुझ जैसे पापियों को निस्संदेह क्षमा कर देगा।

यह विचार करके गांव का चक्कर काटकर कि कोई देख न ले, वह घर की ओर लौट पड़ा।

गांव में पहुंच जाने पर घर वाले उसे देखकर अति प्रसन्न हुए और पूछने लगे कि लौट क्यों आये? मोहन ने यही उत्तर दिया कि अर्जुन से साथ छूट गया और रुपये चोरी हो गए, इस कारण लौट आना पड़ा। घर में कुशल-क्षेम थी। कोई कष्ट न था।

मोहन का आना सुनकर अर्जुन के घर वाले उससे पूछने लगे कि अर्जुन को कहां छोड़ा उनसे भी उसने यही कहा कि बद्रीनारायण पहुंचने से तीन दिन पहले मैं अर्जुन से पिछड़ गया, रुपया किसी ने चुरा लिया, बद्रीनारायण जाना असम्भव था, मुझे लौटना ही पड़ा।

सब लोग मोहन की बुद्धि पर हंसने लगे कि बद्रीनारायण पहुंचा ही नहीं, रास्ते में रुपये खो दिए। मोहन घर के धंधे में लग गया, बात बीत गई।

अब उधर का हाल सुनिए–

मोहन जब पानी पीने चला गया तब थोड़ी दूर जाकर अर्जुन बैठ गया और साथी की बाट देखने लगा।

संध्या हो गई, पर मोहन न आया।

अर्जुन सोचने लगा–क्या हुआ, साथी क्यों नहीं आया? मेरी आंखें लग गई थीं। कहीं आगे न निकल गया हो। पर यहां से जाता तो क्या दिखायी नहीं देता? पीछे लौटकर देखूं, कहीं आगे न चला गया हो, फिर तो मिलना ही असम्भव है। आगे ही चलो, रात को चट्टी पर अवश्य भेंट हो जाएगी।

रास्ते में अर्जुन ने कई मनुष्यों से पूछा कि तुमने कोई नाटा, सांवले रंग का आदमी देखा है? परन्तु कुछ पता न चला। रात चट्टी पर भी मोहन से भेंट न हुई। अगले दिन यह विचार कर कि वह देवप्रयाग पर अवश्य मिल जाएगा, वह आगे चल दिया।

रास्ते में अर्जुन को एक साधु मिल गया। वह जगन्नाथ की यात्रा करके आया था। अब दूसरी बार बद्रीनारायण के दर्शन को जा रहा था। रात को चट्टी में वे दोनों इकट्ठे ही रहे और फिर एक साथ यात्रा करने लगे।

देवप्रयाग में पहुंचकर अर्जुन ने मोहन के विषय में पंडे से बहुत पूछताछ की, कुछ पता न चला। यहां सब यात्री एकत्र हो गए। देवप्रयाग से आगे चलकर सब लोग रात को एक चट्टी में ठहरे। वहां मूसलाधार मेंह बरसने लगा। बिजली की कड़क, बादल की गरज से सब कांप गए। सारी रात जागते कटी। त्राहि-त्राहि करते दिन निकला।

अन्त को दोपहर के समय सब लोग बद्रीनारायण पहुंच गए। पंडे देवप्रयाग से ही साथ हो लिये थे। बद्रीनारायण में यही रीति है कि पहले दिन यात्रियों को मन्दिर की ओर से भोजन कराया जाता है और उसी दिन यात्रियों को अटका अथवा चढ़ावा बतला देना पड़ता है कि कौन कितना चढ़ाएगा, कम से कम सवा रुपया नियत है। उस समय तो सबने पंडों के घरों में जाकर विश्राम किया। दूसरे दिन प्रातःकाल उठकर दर्शन परसन में लग गए। अर्जुन और साधु एक ही स्थान में टिके थे। सांझ की आरती के दर्शन करके लौटकर जब घर आये, तब साधु बोला कि मेरा तो किसी ने रुपये का बटुआ निकाल लिया।

अर्जुन के मन में यह पाप उत्पन्न हुआ कि यह साधु झूठा है। किसी ने इसका रुपया नहीं चुराया। इसके पास रुपया था ही नहीं।

लेकिन तुरन्त ही उसको पश्चाताप हुआ कि किसी पुरुष के विषय में ऐसी कल्पना करना महापाप है। उसने मन को बहुतेरा समझाया, परंतु उसका ध्यान साधु में ही लगा रहा। पवित्र स्थान में रहने पर भी चित्त की मलिनता दूर नहीं हुई। इतने में शयन की आरती का घंटा बजा। दोनों दर्शनार्थ मन्दिर में चले गए। भीड़ बहुत थी, अर्जुन नेत्र मूंदकर भगवान की स्तुति करने लगा, परंतु हाथ बटुए पर था, क्योंकि साधु के रुपये खो

जाने से संस्कार चित्त में पड़े हुए थे। अन्तःकरण का शुद्ध हो जाना क्या कोई सहज बात है!

स्तुति समाप्त करके नेत्र खोलकर अर्जुन जब भगवान के दर्शन करने लगा, तब देखता क्या है कि मूर्ति के अति समीप मोहन खड़ा है। ऐ–मोहन! नहीं-नहीं, मोहन यहां कैसे पहुंच सकता है? सारे रास्ते तो ढूँढता आया हूं।

मोहन को साष्टांग दण्डवत करते देखकर अर्जुन को निश्चय हो गया कि मोहन ही है। स्यात किसी दूसरी राह से यहां आ पहुंचा है। चलो, अच्छा हुआ, साथी तो मिल गया।

आरती हो गई। यात्री बाहर निकलने लगे। अर्जुन का हाथ बटुए पर था कि कोई रुपये न चुरा ले। वह मोहन को खोजने लगा, पर उसका कहीं पता नहीं चला।

दूसरे दिन प्रातःकाल मन्दिर में जाने पर अर्जुन ने फिर देखा कि मोहन हाथ जोड़े भगवान के सम्मुख खड़ा है। वह चाहता था कि आगे बढ़कर मोहन को पकड़ ले, परन्तु ज्यों ही वह आगे बढ़ा, मोहन लोप हो गया।

तीसरे दिन भी अर्जुन को वही दृश्य दिखाई दिया। उसने विचारा कि चलकर द्वार पर खड़े हो जाओ। सब यात्री वहीं से निकलेंगे, वहीं मोहन को पकड़ लूंगा। अतएव उसने ऐसा ही किया, लेकिन सब यात्री निकल गए, मोहन का कहीं पता ही नहीं।

एक सप्ताह बद्रीनारायण में निवास करके अर्जुन घर लौट पड़ा।

राह चलते अर्जुन के चित्त में वही पुराने घर के झमेले बार-बार आने लगे। सालभर बहुत होता है। इतने दिनों में घर की दशा न जाने क्या हुई हो। कहावत है–छाते लगे छः मास और छिन में होय उजाड़। कौन जाने लड़के ने क्या कर छोड़ा हो? फसल कैसी हो? पशुओं का पालन-पोषण हुआ है कि नहीं?

चलते-चलते अर्जुन जब उस झोपड़े के पास पहुंचा, जहां मोहन पानी पीने गया था, तो भीतर से एक लड़की ने आकर उसका कुर्ता पकड़ लिया और बोली–बाबा, बाबा भीतर चलो।

अर्जुन कुर्ता छुड़ाकर जाना चाहता था कि भीतर से एक स्त्री बोली–महाशय! भोजन करके रात्रि को यहीं विश्राम कीजिए। कल चले जाना। वह अंदर चला गया और सोचने लगा कि मोहन यहीं पानी पीने आया था। स्यात इन लोगों से उसका कुछ पता चल जाए।

स्त्री ने अर्जुन के हाथ-पैर धुलाकर भोजन परस दिया। अर्जुन उसको आशीष देने लगा।

स्त्री बोली–दादा, हम अतिथि सेवा करना क्या जानें? यह सब कुछ हमें एक यात्री ने सिखाया है। हम परमात्मा को भूल गए थे। हमारी यह दशा हो गई थी कि यदि वह बूढ़ा यात्री न आता तो हम सबके-सब मर जाते। वह यहां पानी पीने आया था। हमारी दुर्दशा देखकर यहीं ठहर गया। हमारा खेत रेहन पड़ा था, वह छुड़ा दिया। गाय-बैल मोल ले दिए और सामग्री जुटाकर एक दिन न जाने कहां चला गया।

इतने में एक बूढ़ी आ गई और यह बात सुनकर बोल उठी–वह मनुष्य नहीं था, साक्षात् देवता था। उसने हमारे ऊपर दया की, हमारा उद्धार कर दिया, नहीं तो हम मर गए होते वह पानी मांगने आया। मैंने कहा, जाओ, यहां पानी नहीं। जब मैं वह बात स्मरण करती हूं, तो मेरा शरीर कांप उठता है।

छोटी लड़की बोल उठी–उसने अपनी कांवर खोली और उसमें से लोटा निकाला कुएं की ओर चला।

इस तरह सबके-सब मोहन की चचार करने लगे। रात को किसान भी आ पहुंचा और वही चचार करने लगा–निस्संदेह उस यात्री ने हमें जीवनदान दिया। हम जान गए कि परमेश्वर क्या है और परोपकार क्या। वह हमें पशुओं से मनुष्य बना गया।

अर्जुन ने अब समझा कि बद्रीनारायण के मंदिर में मोहन के दिखायी देने का कारण क्या था। उसे निश्चय हो गया कि मोहन की यात्रा सफल हुई।

कुछ दिनों पीछे अर्जुन घर पहुंच गया। लड़का शराब पीकर मस्त पड़ा था। घर का हाल सब गड़बड़ था। अर्जुन लड़के को डांटने लगा। लड़के ने कहा–तो यात्रा पर जाने को किसने कहा था? न जाते। इस पर अर्जुन ने उसके मुंह पर तमाचा मारा।

दूसरे दिन अर्जुन जब चौधरी से मिलने जा रहा था, तो राह में मोहन की स्त्री मिल गई।

स्त्री–भाई जी, कुशल से तो हो? बद्रीनारायण हो आये?

अर्जुन–हां, हो आया। मोहन मुझसे रास्ते में बिछुड़ गए थे। कहो, वह कुशल से घर तो पहुंच गए?

स्त्री–उन्हें आये तो कई महीने हो गए। उनके बिना हम सब उदास रहा करते थे। लड़के को तो घर काटे खाता था। स्वामी बिना घर सूना होता है।

अर्जुन–घर में हैं कि कहीं बाहर गये हैं?

स्त्री–नहीं, घर में हैं।

अर्जुन भीतर चला गया और मोहन से बोला–राम-राम, भैया मोहन, राम-राम!

मोहन–राम-राम! आओ भाई! कहो, दर्शन कर आये!

अर्जुन–हां, कर तो आया, पर मैं यह नहीं कह सकता कि यात्रा सफल हुई अथवा नहीं। लौटते समय मैं उस झोंपड़े में ठहरा था, जहां तुम पानी पीने गये थे।

मोहन ने बात टाल दी और अर्जुन भी चुप हो गया, परंतु उसे विश्वास हो गया कि उत्तम तीर्थयात्रा यही है कि पुरुष जीवन पर्यन्त प्रत्येक प्राणी के साथ प्रेमभाव रखकर सदैव उपकार में तत्पर रहे।

8

ध्रुवनिवासी रीछ का शिकार

हम एक दिन रीछ के शिकार को निकले। मेरे साथी ने एक रीछ पर गोली चलायी। वह गहरी नहीं लगी। रीछ भाग गया। बर्फ पर लहू के चिन्ह बाकी रह गए।

हम एकत्र होकर यह विचार करने लगे कि तुरन्त पीछा करना चाहिए या दो-तीन दिन ठहरकर उसके पीछे जाना चाहिए। किसानों से पूछने पर एक बूढ़ा बोला–तुरन्त पीछा करना ठीक नहीं, रीछ को टिक जाने दो। पांच दिन पीछे शायद वह मिल जाए। अभी पीछा करने पर तो वह डरकर भाग जायेगा।

इस पर एक दूसरा जवान बोला–नहीं-नहीं, हम आज ही रीछ को मार सकते हैं। वह बहुत मोटा है, दूर नहीं जा सकता। सूर्य अस्त होने से पहले कहीं न कहीं टिक जाएगा, नहीं तो मैं बर्फ पर चलने वाले जूते पहनकर ढूंढ निकालूंगा।

मेरा साथी तुरन्त रीछ का पीछा करना नहीं चाहता था, पर मैंने कहा–झगड़ा करने से क्या मतलब। आप सब गांव को जाइए। मैं और

दुगार (मेरे सेवक का नाम) रीछ का पीछा करते हैं। मिल गया तो वाह-वाह! दिनभर और करना ही क्या है?

और सब तो गांव को चले गए, मैं और दुगार जंगल में रह गए। अब हम बन्दूकें संभालकर, कमर कस, रीछ के पीछे हो लिये।

रीछ का निशान दूर से दिखाई पड़ता था। प्रतीत होता था कि भागते समय कभी तो वह पेट तक बर्फ में धंस गया है, कभी बर्फ चीरकर निकला है। पहले-पहले तो हम उसकी खोज के पीछे बड़े-बड़े वृक्षों के नीचे चलते रहे, परन्तु घना जंगल आ जाने पर दुगार बोला—अब यह राह छोड़ देनी चाहिए, वह यहीं कहीं बैठ गया है। धीरे-धीरे चलो, ऐसा न हो कि डरकर भाग जाए।

हम राह छोड़कर बायीं ओर लौट पड़े। पांच सौ कदम जाने पर सामने वही चिन्ह फिर दिखाई दिए। उसके पीछे चलते-चलते एक सड़क पर जा निकले। चिन्हों से जान पड़ता था कि रीछ गांव की ओर गया है।

दुर्गा—महाराज, सड़क पर खोज लगाने से अब कोई लाभ नहीं। वह गांव की ओर नहीं गया। आगे चलकर चिन्हों से पता लग जायेगा कि वह किस ओर गया है।

एक मील आगे जाने पर चिन्हों से ऐसा प्रकट होता था कि रीछ सड़क से जंगल की ओर नहीं, जंगल से सड़क की ओर आया है। उसकी उंगलियां सड़क की तरफ थीं। मैंने पूछा कि दुर्गा, क्या यह कोई दूसरा रीछ है?

दुर्गा—नहीं, यह वही रीछ है, उसने धोखा दिया है। आगे चलकर दुगार का कहना सत्य निकला, क्योंकि रीछ दस कदम सड़क की ओर आकर फिर जंगल की ओर लौट गया था।

दुर्गा—अब हम उसे अवश्य मार लेंगे। आगे दलदल है, वह वहीं जाकर बैठ गया है, चलिए।

हम दोनों आगे बढ़े। कभी तो मैं किसी झाड़ी में फंस जाता था, बर्फ पर चलने का अभ्यास न होने के कारण कभी जूता पैर से निकल जाता था। पसीने से भीगकर मैंने कोट कंधे पर डाल लिया, लेकिन दुगार बड़ी फुर्ती से चला जा रहा था। दो मील चलकर हम झील के उस पार पहुंच गए।

दुर्गा–देखो, सुनसान झाड़ी पर चिड़ियां बोल रही हैं, रीछ वहीं है। चिड़िया रीछ की महक पा गई हैं।

हम वहां से हटकर आधा मील चले होंगे कि फिर रीछ का खुर दिखाई दिया। मुझे इतना पसीना आ गया कि मैंने साफा भी उतार दिया। दुगार को पसीना आ गया था।

दुर्गा–स्वामी, बहुत दौड़-धूप की, अब जरा विश्राम कर लीजिए।

संध्या हो चली थी। हम जूते उतारकर धरती पर बैठ गए और भोजन करने लगे। भूख के मारे रोटी ऐसी अच्छी लगी कि मैं कुछ कह नहीं सकता। मैंने दुगार से पूछा कि गांव कितने दूर है?

दुर्गा–कोई आठ मील होगा, हम आज ही वहां पहुंच जायेंगे। आप कोट पहन लें, ऐसा न हो सर्दी लग जाए।

दुगार ने बर्फ ठीक करके उस पर कुछ झाड़ियां बिछाकर मेरे लिए बिछौना तैयार कर दिया। मैं ऐसा बेसुध सोया कि इसका ध्यान ही न रहा कि कहां हूं। जागकर देखता हूं कि एक बड़ा भारी दीवानखाना बना हुआ है, उसमें बहुत से उजले-चमकते हुए खम्भे लगे हुए है, उसकी छत तवे की तरह काली है, उसमें रंगदार अनन्त दीपक जगमगा रहे हैं। मैं चकित हो गया। परन्तु तुरन्त मुझे याद आई कि यह तो जंगल है, यहां दीवानखाना कहां? असल में श्वेत खम्भे तो बर्फ से ढके हुए वृक्ष थे, रंगदार दीपक उनकी पत्तियों में से चमकते हुए तारे थे।

बर्फ गिर रही थी, जंगल में सन्नाटा था। अचानक हमें किसी जानवर के दौड़ने की आहट मिली। हम समझे कि रीछ है, परन्तु पास जाने पर मालूम हुआ कि जंगली खरहा है। हम गांव की ओर चल दिए। बर्फ ने सारा जंगल श्वेत बना रखा था। वृक्षों की शाखाओं में से तारे चमकते और हमारा पीछा करते ऐसे दिखाई देते थे कि मानो सारा आकाश चलायमान हो रहा है।

जब हम गांव पहुंचे तो मेरा साथी सो गया था। मैंने उसे जगाकर सारा वृत्तांत कह सुनाया और जमींदार से अगले दिन के लिए शिकारी एकत्र करने को कहा। भोजन करके सो रहे। मैं इतना थक गया था कि

यदि मेरा साथी मुझे न जगाता, तो मैं दोपहर तक सोया पड़ा रहता। जागकर मैंने देखा कि साथी वस्त्र पहने तैयार है और अपनी बन्दूक ठीक कर रहा है।

मैं–दुगार कहां है?

साथी–उसे गये देर हुई। वह कल के निशान पर शिकारियों को इकट्ठा करने गया है।

हम गांव के बाहर निकले। धुन्ध के मारे सूर्य दिखाई न पड़ता था! दो मील चलकर धुआं दिखाई पड़ा। समीप जाकर देखा कि शिकारी आलू भून रहे हैं और आपस में बातें करते जाते हैं। दुगार भी वहीं था। हमारे पहुंचने पर वे सब उठ खड़े हुए। रीछ को घेरने के लिए दुगार उन सबको लेकर जंगल की ओर चल दिया। हम भी उसके पीछे हो लिये। आधा मील चलने पर दुगार ने कहा कि अब कहीं बैठ जाना उचित है। मेरे बायीं ओर ऊंचे-ऊंचे वृक्ष थे। सामने मनुष्य के बराबर ऊंची बर्फ से ढँकी हुई घनी झाड़ियां थीं, इनके बीच से होकर एक पगडंडी सीधी वहां पहुंचती थी, जहां मैं खड़ा हुआ था। दायीं ओर साफ मैदान था। वहां मेरा साथी बैठ गया।

मैंने अपनी दोनों बन्दूकों को भलीभांति देखकर विचारा कि कहां खड़ा होना चाहिए। तीन कदम पीछे हटकर एक ऊंचा वृक्ष था। मैंने एक बन्दूक भरकर तो उसके सहारे खड़ी कर दी, दूसरी घोड़ा चढ़कर हाथ में ले ली। म्यान से तलवार निकालकर देख ही रहा था कि अचानक जंगल में से दुगार का शब्द सुनाई दिया–'वह उठा, वह उठा!' इस पर सब शिकारी बोल उठे, सारा जंगल गूंज पड़ा। मैं घात में था कि रीछ दिखाई पड़ा और मैंने तुरंत गोली छोड़ी।

अकस्मात बायीं ओर बर्फ पर कोई काली चीज दिखाई दी। मैंने गोली छोड़ी, परंतु खाली गई और रीछ भाग गया।

मुझे बड़ा शोक हुआ कि अब रीछ इधर नहीं आएगा। शायद साथी के हाथ लग जाए। मैंने फिर बन्दूक भर ली, इतने में एक शिकारी ने शोर मचाया–"यह है, यह है यहां आओ!"

मैंने देखा कि दुगार भागकर मेरे साथी के पास आया और रीछ को उंगली से दिखाने लगा। साथी ने निशाना लगाया। मैंने समझा, उसने मारा, परंतु वह गोली भी खाली गई, क्योंकि यदि रीछ गिर जाता तो साथी अवश्य उसके पीछे दौड़ता। वह दौड़ा नहीं, इससे मैंने जाना कि रीछ मरा नहीं।

हैं! क्या आपत्ति आयी, देखता हूं कि रीछ डरा हुआ अंधाधुन्ध भागा मेरी ओर आ रहा है। मैंने गोली मारी, परन्तु खाली गई। दूसरी छोड़ी, वह लगी तो सही, परन्तु रीछ गिरा नहीं। मैं दूसरी बन्दूक उठाना ही चाहता था कि उसने झपटकर मुझे दबा लिया और लगा मेरा मुंह नोंचने। जो कष्ट मुझे उस समय हो रहा था, मैं उसे वर्णन नहीं कर सकता। ऐसा प्रतीत होता था मानो कोई छुरियों से मेरा मुंह छील रहा है।

इतने में दुगार और साथी रीछ को मेरे ऊपर बैठा देखकर मेरी सहायता को दौड़े। रीछ उन्हें देख, डरकर भाग गया। सारांश यह कि मैं घायल हो गया, पर रीछ हाथ न आया और हमें खाली हाथ गांव लौटना पड़ा।

एक मास पीछे हम फिर उस रीछ को मारने के लिए गये, मैं फिर भी उसे न मार सका उसे दुगार ने मारा, वह बड़ा भारी रीछ था। उसकी खाल अब तक मेरे कमरे में बिछी हुई है।

9

प्रेम में परमेश्वर

किसी गांव में मूरत नाम का एक बनिया रहता था। सड़क पर उसकी छोटी सी दुकान थी। वहां रहते उसे बहुत काल हो चुका था, इसलिए वहां के सब निवासियों को भलीभांति जानता था। वह बड़ा सदाचारी, सत्यवक्ता, व्यावहारिक और सुशील था। जो बात कहता, उसे जरूर पूरा करता। कभी धेले भर भी कम न तोलता और न घीतेल मिलाकर बेचता। चीज अच्छी न होती, तो गराहक से साफ-साफ कह देता, धोखा न देता था।

चौथेपन में वह भगवत्भजन का प्रेमी हो गया था। उसके और बालक तो पहले ही मर चुके थे, अंत में तीन साल का बालक छोड़कर उसकी स्त्री भी जाती रही। पहले तो मूरत ने सोचा, इसे ननिहाल भेज दूं, पर फिर उसे बालक से प्रेम हो गया। वह स्वयं उसका पालन करने लगा। उसके जीवन का आधार अब यही बालक था। इसी के लिए वह रात-दिन काम किया करता था। लेकिन शायद संतान का सुख उसके भाग्य में लिखा ही न था।

पलपलाकर बीस वर्ष की अवस्था में यह बालक भी यमलोक को सिधार गया। अब मूरत के शोक की कोई सीमा न थी। उसका विश्वास

हिल गया। सदैव परमात्मा की निन्दा कर वह कहा करता था कि परमेश्वर बड़ा निर्दयी और अन्यायी है, मारना बूढ़े को चाहिए था, मार डाला युवक को। यहां तक कि उसने ठाकुर के मंदिर में जाना भी छोड़ दिया।

एक दिन उसका पुराना मित्र, जो आठ वर्ष से तीर्थयात्रा को गया हुआ था, उससे मिलने आया। मूरत बोला–मित्र देखो, सर्वनाश हो गया। अब मेरा जीना अकारथ है। मैं नित्य परमात्मा से यही विनती करता हूं कि वह मुझे जल्दी इस मृत्युलोक से उठा ले, मैं अब किस आशा पर जीऊं।

मित्र–मूरत, ऐसा मत कहो। परमेश्वर की इच्छा को हम नहीं जान सकते। वह जो करता है, ठीक करता है। पुत्र का मर जाना और तुम्हारा जीते रहना विधाता के वश है और कोई इसमें क्या कर सकता है! तुम्हारे शोक का मूल कारण यह है कि तुम अपने सुख में सुख मानते हो। पराए सुख से सुखी नहीं होते।

मूरत–तो मैं क्या करूँ?

मित्र–परमात्मा की निष्काम भक्ति करने से अन्तःकरण शुद्ध होता है। जब सब काम परमेश्वर को अर्पण करके जीवन व्यतीत करोगे तो तुम्हें परमानंद प्राप्त होगा।

मूरत–चित्त स्थिर करने का कोई उपाय तो बतलाइए।

मित्र–गीता, भक्तमालादि ग्रन्थों का श्रवण, पाठन, मनन किया करो। ये ग्रन्थ धर्म, अर्थ, काम, मोक्ष चारों फलों को देने वाले हैं। इनका पढ़ना आरम्भ कर दो, चित्त को बड़ी शांति प्राप्ति होगी।

मूरत ने इन ग्रन्थों को पढ़ना आरम्भ किया। थोड़े ही दिनों में इन पुस्तकों से उसे इतना प्रेम हो गया कि रात को बारह-बारह बजे तक गीता आदि पढ़ता और उसके उपदेशों पर विचार करता रहता था।

पहले तो वह सोते समय छोटे पुत्र को स्मरण करके रोया करता था, अब सब भूल गया। सदा परमात्मा में लवलीन रहकर आनंदपूर्वक अपना जीवन बिताने लगा। पहले इधर-उधर बैठकर हंसी-ठहाका भी कर लिया करता था, पर अब वह समय व्यर्थ न खोता था। या तो दुकान का काम करता था या रामायण पढ़ता था। तात्पर्य यह कि उसका जीवन सुधर गया।

एक रात रामायण पढ़ते-पढ़ते उसे ये चौपाइयां मिलीं—

एक पिता के विपुल कुमारा। होइ पृथक गुण शील अचारा।

कोई पंडित कोइ तापस ज्ञाता। कोई धनवंत शूर कोइ दाता।

कोइ सर्वज्ञ धर्मरत कोई। सब पर पितहिं परीति सम होई।

अखिल विश्व यह मम उपजाया। सब पर मोहि बराबर दाया।

मूरत पुस्तक रखकर मन में विचारने लगा कि जब ईश्वर सब प्राणियों पर दया करते हैं, तो क्या मुझे सभी पर दया न करनी चाहिए? तत्पश्चात् सुदामा और शबरी की कथा पढ़कर उसके मन में यह भाव उत्पन्न हुआ कि क्या मुझे भी भगवान के दर्शन हो सकते हैं!

यह विचारते-विचारते उसकी आंख लग गई। बाहर से किसी ने पुकारा—मूरत! बोला—मूरत! देख, याद रख, मैं कल तुझे दर्शन दूंगा।

यह सुनकर वह दुकान से बाहर निकल आया। वह कौन था? वह चकित होकर कहने लगा, यह स्वप्न है अथवा जागृति। कुछ पता न चला। वह दुकान के भीतर जाकर सो गया।

दूसरे दिन प्रातःकाल उठ, पूजा-पाठ कर, दुकान में आ, भोजन बना मूरत अपने कामधंधे में लग गया परंतु उसे रात वाली बात नहीं भूलती थी।

रात्रि को पाला पड़ने के कारण सड़क पर बर्फ के ढेर लग गए थे। मूरत अपनी धुन में बैठा था। इतने में बर्फ हटाने को कोई कुली आया। मूरत ने समझा कृष्णचन्द्र आते हैं, आंखें खोलकर देखा कि बूढ़ा लालू बर्फ हटाने आया है, हंसकर कहने लगा-आवे बूढ़ा लालू और मैं समझूं कृष्ण भगवान, वाह री बुद्धि!

लालू बर्फ हटाने लगा। बूढ़ा आदमी था। शीत के कारण बर्फ न हटा सका। थककर बैठ गया और शीत के मारे कांपने लगा। मूरत ने सोचा कि लालू को ठंड लग रही है, इसे आग तपा दूं।

मूरत-लालू भैया, यहां आओ, तुम्हें ठंड सता रही है। हाथ सेंक लो।

लालू दुकान पर आकर धन्यवाद करके हाथ सेंकने लगा।

मूरत-भाई, कोई चिंता मत करो। बर्फ मैं हटा देता हूं। तुम बूढ़े हो, ऐसा न हो कि ठंड खा जाओ।

लालू-तुम क्या किसी की बाट देख रहे थे?

मूरत-क्या कहूं, कहते हुए लज्जा आती है। रात मैंने एक ऐसा स्वप्न देखा है कि उसे भूल नहीं सकता। भक्तमाल पढ़ते-पढ़ते मेरी आंख लग गई। बाहर से किसी ने पुकारा–'मूरत!' मैं उठकर बैठ गया। फिर शब्द हुआ, 'मूरत! मैं तुम्हें दर्शन दूंगा!' बाहर जाकर देखता हूं तो वहां कोई नहीं। मैं भक्तमाल में सुदामा और शबरी के चरित पढ़कर यह जान चुका हूं कि भगवान ने प्रेमवश होकर किस प्रकार साधारण जीवों को दर्शन दिए हैं। वही अभ्यास बना हुआ है। बैठा कृष्णचन्द्र की राह देख रहा था कि तुम आ गए।

लालू-जब तुम्हें भगवान से प्रेम है तो अवश्य दर्शन होंगे। तुमने आग न दी होती, तो मैं मर ही गया था।

मूरत–वाह भाई लालू, यह बात ही क्या है! इस दुकान को अपना घर समझो। मैं सदैव तुम्हारी सेवा करने को तैयार हूं।

लालू धन्यवाद करके चल दिया। उसके पीछे दो सिपाही आये। उनके पीछे एक किसान आया। फिर एक रोटी वाला आया। सब अपनी राह चले गए। फिर एक स्त्री आयी। वह फटे पुराने वस्त्र पहने हुए थी। उसकी गोद में एक बालक था। दोनों शीत के मारे कांप रहे थे।

मूरत–माई, बाहर ठंड में क्यों खड़ी हो? बालक को जाड़ा लग रहा है, भीतर आकर कपड़ा ओढ़ लो।

स्त्री भीतर आई। मूरत ने उसे चूल्हे के पास बिठाया और बालक को मिठाई दी।

मूरत–माई, तुम कौन हो?

स्त्री–मैं एक सिपाही की स्त्री हूं। आठ महीने से न जाने कर्मचारियों ने मेरे पति को कहां भेज दिया है, कुछ पता नहीं लगता। गर्भवती होने पर मैं एक जगह रसोई का काम करने पर नौकर थी। ज्योंही यह बालक उत्पन्न हुआ, उन्होंने इस भय से कि दो जीवों को अन्न देना पड़ेगा, मुझे निकाल दिया। तीन महीने से मारी-मारी फिरती हूं। कोई टहलनी नहीं रखता। जो कुछ पास था, सब बेचकर खा गई। इधर साहूकारिन के पास जाती हूं। स्यात नौकर रख ले।

मूरत–तुम्हारे पास कोई ऊनी वस्त्र नहीं है?

स्त्री–वस्त्र कहां से हो, छदाम भी तो पास नहीं।

मूरत–यह लो लोई, इसे ओढ़ लो।

स्त्री–भगवान तुम्हारा भला करे। तुमने बड़ी दया की। बालक शीत के मारे मरा जाता था।

मूरत–मैंने दया कुछ नहीं की। श्री कृष्णचन्द्र की इच्छा ही ऐसी है।

फिर मूरत ने स्त्री को रात वाला स्वप्न सुनाया।

स्त्री–क्या अचरज है, दर्शन होने कोई असम्भव तो नहीं।

स्त्री के चले जाने पर सेव बेचने वाली आयी। उसके सिर पर सेवों की टोकरी थी और पीठ पर अनाज की गठरी। टोकरी धरती पर रखकर खम्भे का सहारा ले वह विश्राम करने लगी कि एक बालक टोकरी में से सेव उठाकर भागा। सेव वाली ने दौड़कर उसे पकड़ लिया और सिर के बाल खींचकर मारने लगी। बालक बोला–मैंने सेव नहीं उठाया।

मूरत ने उठकर बालक को छुड़ा दिया।

मूरत–माई, क्षमा कर, बालक है।

सेव वाली–यह बालक बड़ा उत्पाती है। मैं इसे दंड दिये बिना कभी न छोड़ूंगी।

मूरत–माई, जाने दे, दया कर। मैं इसे समझा दूंगा। वह ऐसा काम फिर नहीं करेगा।

बुढ़िया ने बालक को छोड़ दिया। वह भागना चाहता था कि सूरत ने उसे रोका और कहा–बुढ़िया से अपना अपराध क्षमा कराओ और प्रतिज्ञा करो कि चोरी नहीं करोगे। मैंने आप तुम्हें सेव उठाते देखा है। तुमने यह झूठ क्यों कहा?

बालक ने रोकर बुढ़िया से अपना अपराध क्षमा कराया और प्रतिज्ञा की कि फिर झूठ नहीं बोलूंगा। इस पर मूरत ने उसे एक सेव मोल ले दिया।

बुढ़िया–वाह-वाह, क्या कहना है! इस प्रकार तो तुम गांव के समस्त बालकों का सत्यानाश कर डालोगे। यह अच्छी शिक्षा है! इस तरह तो सब लड़के शेर हो जायेंगे।

मूरत–माई, यह क्या कहती हो! बदला और दंड देना तो मनुष्यों का स्वभाव है, परमात्मा का नहीं, वह दयालु है। यदि इस बालक को एक सेव चुराने का कठिन दंड मिलना उचित है, तो हमको हमारे अनन्त पापों

का क्या दंड मिलना चाहिए? माई, सुनो, मैं तुम्हें एक कहानी सुनाता हूं। एक कर्मचारी पर राजा के दस हजार रुपये आते थे। उसके बहुत विनय करने पर राजा ने वह ऋण छोड़ दिया। उस कर्मचारी की भी अपने सेवकों से सौ-सौ रुपये पावने थे, वह उन्हें बड़ा कष्ट देने लगा। उन्होंने बहुतेरा कहा कि हमारे पास पैसा नहीं, ऋण कहां से चुकावें? कर्मचारी ने एक न सुनी। वे सब राजा के पास जाकर फरियादी हुए। राजा ने उसी दम कर्मचारी को कठिन दंड दिया। तात्पर्य यह कि हम जीवों पर दया नहीं करेंगे, तो परमात्मा भी हम पर दया नहीं करेगा।

बुढ़िया–यह सत्य है, परंतु ऐसे बर्ताव से बालक बिगड़ जाते हैं।

मूरत–कदापि नहीं। बिगड़ते नहीं, वरन सुधरते हैं।

बुढ़िया टोकरा उठाकर चलने लगी कि उसी बालक ने आकर विनय की कि माई, यह टोकरा तुम्हारे घर तक मैं पहुंचा आता हूं।

रात्रि होने पर मूरत भोजन करने के बाद गीतापाठ कर रहा था कि उसकी आंख झपकी और उसने यह दृश्य देखा–

'मूरत! मूरत!'

मूरत–कौन हो?

'मैं–लालू।' इतना कहकर लालू हंसता हुआ चला गया।

फिर आवाज आयी–'मैं हूं।' मूरत देखता है कि दिन वाली स्त्री आई है, बालक को गोद में लिये, सम्मुख आकर खड़ी हुई, हंसी और लोप हो गई। फिर शब्द सुनाई दिया–'मैं हूं।' देखा कि सेव बेचने वाली और बालक हंसते-हंसते सामने आये और अन्तर्धान हो गए!

मूरत उठकर बैठ गया। उसे विश्वास हो गया कि कृष्णचन्द्र के दर्शन हो गए, क्योंकि प्राणिमात्र पर दया करना ही परमात्मा का दर्शन करना है।

10

मनुष्य का जीवन आधार क्या है

माधो नामी एक चमार जिसके न घर था, न धरती, अपनी स्त्री और बच्चों सहित एक झोंपड़े में रहकर मेहनत मजदूरी द्वारा पेट पालता था। मजूरी कम थी, अन्न महंगा था। जो कमाता था, खा जाता था। सारा घर एक ही कम्बल ओढ़कर जाड़ों के दिन काटता था और वह कम्बल भी फटकर तार-तार रह गया था। पूरे एक वर्ष से वह इस विचार में लगा हुआ था कि दूसरा वस्त्र मोल ले। पेट मार-मारकर उसने तीन रुपये जमा किए थे और पांच रुपये पास के गांव वालों पर आते थे।

एक दिन उसने यह विचारा कि पांच रुपये गांव वालों से उगाहकर वस्त्र ले आऊं। वह घर से चला, गांव में पहुंचकर वह पहले एक किसान के घर गया। किसान तो घर में नहीं था, उसकी स्त्री ने कहा कि इस समय रुपया मौजूद नहीं, फिर दे दूंगी। फिर वह दूसरे के घर पहुंचा, वहां से भी रुपया न मिला। फिर वह बनिये की दुकान पर जाकर वस्त्र उधार मांगने लगा। बनिया बोला—हम ऐसे कंगालों को उधार नहीं देते। कौन पीछे-पीछे फिरे? जाओ, अपनी राह लो।

वह निराश होकर घर को लौट पड़ा। राह में सोचने लगा–कितने अचरज की बात है कि मैं सारे दिन काम करता हूं, उस पर भी पेट नहीं भरता। चलते समय स्त्री ने कहा था कि वस्त्र अवश्य लाना। अब क्या करूं, कोई उधार भी तो नहीं देता। किसानों ने कह दिया, अभी हाथ खाली है, फिर ले लेना। तुम्हारा तो हाथ खाली है, पर मेरा काम कैसे चले? तुम्हारे पास घर, पशु, सबकुछ है, मेरे पास तो यह शरीर ही शरीर है। तुम्हारे पास अनाज के कोठे भरे पड़े हैं, मुझे एकएक दाना मोल लेना पड़ता है। सात दिन में तीन रुपये तो केवल रोटी में खर्च हो जाते हैं। क्या करूं, कहां जाऊं? हे भगवान्! सोचता हुआ मन्दिर के पास पहुंचकर देखता क्या है कि धरती पर कोई श्वेत वस्तु पड़ी है। अंधेरा हो गया, साफ न दिखाई देता है। माधो ने समझा कि किसी ने इसके वस्त्र छीन लिये हैं, मुझसे क्या मतलब? ऐसा न हो, इस झगड़े में पड़ने से मुझ पर कोई आपत्ति खड़ी हो जाए, चल दो।

थोड़ी दूर गया था कि उसके मन में पछतावा हुआ। मैं कितना निर्दयी हूं। कहीं यह बेचारा भूखों न मर रहा हो। कितने शर्म की बात है कि मैं उसे इस दशा में छोड़, चला जाता हूं। वह लौट पड़ा और उस आदमी के पास जाकर खड़ा हो गया।

पास पहुंचकर माधो ने देखा कि वह मनुष्य भला-चंगा जवान है। केवल शीत से दुःखी हो रहा है। उस मनुष्य को आंख भरकर देखना था कि माधो को उस पर दया आ गई। अपना कोट उतारकर बोला–यह समय बातें करने का नहीं, यह कोट पहन लो और मेरे संग चलो।

मनुष्य का शरीर स्वच्छ, मुख दयालु, हाथ-पांव सुडौल थे। वह प्रसन्न बदन था। माधो ने उसे कोट पहना दिया और बोला-मित्र, अब चलो, बातें पीछे होती रहेंगी।

मनुष्य ने प्रेमभाव से माधो को देखा और कुछ न बोला।

माधो-तुम बोलते क्यों नहीं? यहां ठंड है, घर चलो। यदि तुम चल नहीं सकते, तो यह लो लकड़ी, इसके सहारे चलो।

मनुष्य माधो के पीछे-पीछे हो लिया।

माधो-तुम कहां रहते हो?

मनुष्य-मैं यहां का रहने वाला नहीं।

माधो-मैंने भी यही समझा था, क्योंकि यहां तो मैं सबको जानता हूं। तुम मन्दिर के पास कैसे आ गए?

मनुष्य-यह मैं नहीं बतला सकता।

माधो-क्या तुमको किसी ने दुःख दिया है?

मनुष्य-मुझे किसी ने दुःख नहीं दिया, अपने कर्मों का भोग है। परमात्मा ने मुझे दंड दिया है।

माधो-निस्संदेह परमेश्वर सबका स्वामी है, परन्तु खाने को अन्न और रहने को घर तो चाहिए। तुम अब कहां जाना चाहते हो?

मनुष्य-जहां ईश्वर ले जाए।

माधो चकित हो गया। मनुष्य की बातचीत बड़ी प्रिय थी। वह ठग प्रतीत न होता था, पर अपना पता कुछ नहीं बताता था। माधो ने सोचा, अवश्य इस पर कोई बड़ी विपत्ति पड़ी है। बोलो-भाई, घर चलकर जरा आराम करो, फिर देखा जायेगा।

दोनों वहां से चल दिए। राह में माधो विचार करने लगा, मैं तो वस्त्र लेने आया था, यहां अपना भी दे बैठा। एक नंगा मनुष्य साथ है, क्या यह सब बातें देखकर मालती प्रसन्न होगी! कदापि नहीं, मगर चिन्ता ही क्या है? दया करना मनुष्य का परम धर्म है।

उधर माधो की स्त्री मालती उस दिन जल्दी-जल्दी लकड़ी काटकर पानी लायी, फिर भोजन बनाया, बच्चों को खिलाया, आप खाया, पति के लिए भोजन अलग रखकर कुर्ते में टांका लगाती हुई यह विचार करने लगी-ऐसा न हो, बनिया मेरे पति को ठग ले, वह बड़ा सीधा है, किसी से छल नहीं करता, बालक भी उसे फंसा सकता है। आठ रुपये बहुत होते हैं, इतने रुपये में तो अच्छे वस्त्र मिल सकते हैं। पिछली सर्दी किस कष्ट से कटी। जाते समय उसे देर हो गई थी, परन्तु क्या हुआ, अब तक उसे आ जाना चाहिए था।

इतने में आहट हुई। मालती बाहर आयी, देखा कि माधो है। उसके साथ नंगे सिर एक मनुष्य है। माधो का कोट उसके गले में पड़ा है। पति के हाथों में कोई गठरी नहीं है, वह शर्म से सिर झुकाए खड़ा है। यह

देखकर मालती का मन निराशा से व्याकुल हो गया। उसने समझा, कोई ठग है, त्योरी चढ़ाकर खड़ी हो देखने लगी कि वह क्या करता है।

माधो बोला-यदि भोजन तैयार हो तो ले आओ।

मालती जलकर राख हो गई, कुछ न बोली। चुपचाप वहीं खड़ी रही। माधो ताड़ गया कि स्त्री क्रोधग्नि में जल रही है।

माधो-क्या भोजन नहीं बनाया?

मालती-(क्रोध से) हां, बनाया है, परन्तु तुम्हारे वास्ते नहीं, तुम तो वस्त्र मोल लेने गए थे? यह क्या किया, अपना कोट भी दूसरे को दे दिया? इस ठग को कहां से लाए? यहां कोई सदाबरत थोड़े ही चलता है।

माधो-मालती, बसबस! बिना सोचे समझे किसी को बुरा कहना उचित नहीं है। पहले पूछ तो लो कि यह कैसा....

मालती-पहले यह बताओ कि रुपये कहां फेंके?

माधो-यह लो अपने तीनों रुपये, गांव वालों ने कुछ नहीं दिया।

मालती-(रुपये लेकर) मेरे पास संसार भर के नंगे लुच्चों के लिए भोजन नहीं है।

माधो-फिर वही बात! पहले इससे पूछ तो लो, क्या कहता है।

मालती-बसबस! पूछ चुकी। मैं तो विवाह ही करना नहीं चाहती थी, तुम तो घरखोऊ हो।

माधो ने बहुतेरा समझाया वह एक न मानी। दस वर्ष के पुराने झगड़े याद करके बकवाद करने लगी, यहां तक कि क्रोध में आकर माधो की जाकेट फाड़ डाली और घर से बाहर जाने लगी। पर रास्ते में रुक गई और पति से बोली-अगर यह भलामानस होता तो नंगा न होता। भला तुम्हारी भेंट इससे कहां हुई?

माधो-बस, यही तो मैं तुमको बतलाना चाहता हूं। यह गांव के बाहर मन्दिर के पास नंगा बैठा था। भला विचार तो कर, यह ऋतु बाहर नंगा बैठने की है? दैवगति से मैं वहां जा पहुंचा, नहीं तो क्या जाने यह मरता या जीता। हम क्या जानते हैं कि इस पर क्या विपत्ति पड़ी है। मैं अपना कोट पहनाकर इसे यहां ले आया हूं। देख, क्रोध मत कर, क्रोध पाप का मूल है। एक दिन हम सबको यह संसार छोड़ना है।

मालती कुछ कहना चाहती थी, पर मनुष्य को देखकर चुप हो गई। वह आंखें मूंदे, घुटनों पर हाथ रखे, मौन धारण किए स्थिर बैठा था।

माधो-प्यारी! क्या तुममें ईश्वर का प्रेम नहीं?

यह वचन सुन, मनुष्य को देखकर मालती का चित्त तुरन्त पिघल गया, झट से उठी और भोजन लाकर उसके सामने रख दिया और बोली-खाइए।

मालती की यह दशा देखकर मनुष्य का मुखारविंद खिल गया और वह हंसा। भोजन कर लेने पर मालती बोली-तुम कहां से आये हो?

मनुष्य–मैं यहां का रहने वाला नहीं।

मालती–तुम मन्दिर के पास किस प्रकार पहुंचे?

मनुष्य–मैं कुछ नहीं बता सकता।

मालती–क्या किसी ने तुम्हारा माल चुरा लिया?

मनुष्य–किसी ने नहीं। परमेश्वर ने यह दंड दिया है!

मालती–क्या तुम वहां नंगे बैठे थे?

मनुष्य–हां, शीत के मारे ठिठुर रहा था। माधो ने देखकर दया की, कोट पहनाकर मुझे यहां ले आया, तुमने तरस खाकर मुझे भोजन खिला दिया। भगवान तुम दोनों का भला करे।

मालती ने एक कुर्ता और दे दिया। रात को जब वह अपने पति के पास जाकर लेटी तो यह बातें करने लगी–

मालती–सुनते हो?

माधो–हां।

मालती–अन्न तो चुक गया। कल भोजन कहां से करेंगे? शायद पड़ोसिन से मांगना पड़े।

माधो–जिएंगे तो अन्न भी कहीं से मिल ही जाएगा।

मालती–वह मनुष्य अच्छा आदमी मालूम होता है। अपना पता क्यों नहीं बतलाता?

माधो–क्या जानूं। कोई कारण होगा।

मालती–हम औरों को देते हैं, पर हमको कोई नहीं देता?

माधो ने इसका कुछ उत्तर नहीं दिया, मुंह फेरकर सो गया।

प्रातःकाल हो गया। माधो जागा, बच्चे अभी सोये पड़े थे। मालती पड़ोसिन से अन्न मांगने गयी थी। अजनबी मनुष्य भूमि पर बैठा आकाश की ओर देख रहा था, परन्तु उसका मुख अब प्रसन्न था।

माधो–मित्र, पेट रोटी मांगता है, शरीर वस्त्र, अतएव काम करना आवश्यक है। तुम कोई काम जानते हो?

मनुष्य–मैं कोई काम नहीं जानता।

माधो–अभ्यास बड़ी वस्तु है, मनुष्य यदि चाहे तो सबकुछ सीख सकता है।

मनुष्य–मैं सीखने को तैयार हूं, आप सिखा दीजिए।

माधो–तुम्हारा नाम क्या है?

मनुष्य–मैकू।

माधो–भाई मैकू, यदि तुम अपना हाल सुनाना नहीं चाहते तो न सुनाओ, परन्तु कुछ काम अवश्य करो। जूते बनाना सीख लो और यहीं रहो।

मैकू–बहुत अच्छा।

अब माधो ने मैकू को सूत बांटना, उस पर मोम चढ़ाना, जूते सीना आदि काम सिखाना शुरू कर दिया। मैकू तीन दिन में ही ऐसे जूते बनाने लगा, मानो सदा से चमार का ही काम करता रहा हो। वह घर से बाहर नहीं निकलता था, बोलता भी बहुत कम था। अब तक वह केवल एक बार उस समय हंसा था जब मालती ने उसे भोजन कराया था, फिर वह कभी नहीं हंसा।

धीरे-धीरे एक वर्ष बीत गया। चारों ओर धूम मच गई कि माधो का नौकर मैकू जैसे पक्के मजबूत जूते बनाता है, दूसरा कोई नहीं बना सकता। माधो के पास बहुत काम आने लगा और उसकी आमदनी बहुत बढ़ गई।

एक दिन माधो और मैकू बैठे काम कर रहे थे कि एक गाड़ी आयी, उसमें से एक धनी पुरुष उतरकर झोंपड़े के पास आया। मालती ने झट से किवाड़ खोल दिए, वह भीतर आ गया।

माधो ने उठकर प्रणाम किया। उसने ऐसा सुन्दर पुरुष पहले कभी नहीं देखा था। वह स्वयं दुबला था, मैकू और भी दुबला और मालती तो

हड्डियों का पिंजरा थी। यह पुरुष तो किसी दूसरे ही लोक का वासी जान पड़ता था–लाल मुंह, चौड़ी छाती, तनी हुई गर्दन, मानो सारा शरीर लोहे में ला हुआ है।

पुरुष–तुममें उस्ताद कौन है?

माधो–हुजूर, मैं।

पुरुष–(चमड़ा दिखाकर) तुम यह चमड़ा देखते हो?

माधो–हां, हुजूर।

पुरुष–तुम जानते हो कि यह किस जात का चमड़ा है?

माधो–महाराज, यह चमड़ा बहुत अच्छा है।

पुरुष–अच्छा, मूर्ख कहीं का! तुमने शायद ऐसा चमड़ा कभी नहीं देखा होगा। यह जर्मन देश का चमड़ा है, इसका मोल बीस रुपये है।

माधो–(भय से) भला महाराज, ऐसा चमड़ा मैं कहां से देख सकता था?

पुरुष–अच्छा, तुम इसका बूट बना सकते हो।

माधो–हां, हुजूर, बना सकता हूं।

पुरुष–हां, हुजूर की बात नहीं, समझ लो कि चमड़ा कैसा है और बनवाने वाला कौन है। यदि साल भर के अन्दर कोई टांका उखड़ गया अथवा जूते का रूप बिगड़ गया तो तुझे बंदीखाने जाना पड़ेगा, नहीं तो दस रुपये मजूरी मिलेगी।

माधो ने मैकू की ओर कनखियों से देखकर धीरे से पूछा कि काम ले लूं? उसने कहा–हां, ले लो। माधो नाप लेने लगा।

पुरुष–देखो, नाप ठीक लेना, बूट छोटा न पड़ जाए। (मैकू की तरफ देखकर) यह कौन है?

माधो–मेरा कारीगर।

पुरुष–(मैकू से) हो-हो, देखो बूट एक वर्ष चलना चाहिए। पूरा एक वर्ष, कम नहीं।

मैकू का उस पुरुष की ओर ध्यान ही नहीं था। वह किसी और ही धुन में मस्त बैठा हंस रहा था।

पुरुष–(क्रोध से) मूर्ख! बात सुनता है कि हंसता है। देखो, बूट बहुत जल्दी तैयार करना, देर न होने पाए।

बाहर निकलते समय पुरुष का मस्तक द्वार से टकरा गया। माधो बोला सिर है कि लोहा, किवाड़ ही तोड़ डाला था।

मालती बोली–धनवान ही बलवान होते हैं। इस पुरुष को यमराज भी हाथ नहीं लगा सकता और की तो बात ही क्या है?

उस आदमी के जाने के बाद माधो ने मैकू से कहा–भाई, काम तो ले लिया है, कोई झगड़ा न खड़ा हो जाए। चमड़ा बहुमूल्य है और यह आदमी बड़ा क्रोधी है, भूल न होनी चाहिए। तुम्हारा हाथ साफ हो गया है, बूट काट तुम दो, सी मैं दूंगा।

मैकू बूट काटने लगा। मालती नित्य अपने पति को बूट काटते देखा करती थी। मैकू की काट देखकर चकरायी कि वह यह कर क्या रहा है। शायद बड़े आदमियों के बूट इसी प्रकार काटे जाते हों, यह विचार कर चुप रह गई।

मैकू ने चमड़ा काटकर दोपहर तक स्लीपर तैयार कर लिये। माधो जब भोजन करके उठा तो देखता क्या है कि बूट की जगह स्पीलर बने रखे हैं। वह घबरा गया और मन में कहने लगा–इस मैकू को मेरे साथ रहते एक वर्ष हो गया, ऐसी भूल तो उसने कभी नहीं की। आज इसे क्या हो गया! उस पुरुष ने तो बूट बनाने को कहा था, इसने तो स्लीपर बना डाले। अब उसे क्या उत्तर दूंगा, ऐसा चमड़ा और कहां से मिल सकता है! (मैकू से)–मित्र, यह तुमने क्या किया? उसने तो बूट बनाने को कहा था न! अब मेरे सिर के बाल न बचेंगे।

यह बातें हो ही रही थी कि द्वार पर एक आदमी ने आकर पुकारा। मालती ने किवाड़ खोल दिए। यह उस धनी आदमी का वही नौकर था, जो उसके साथ यहां आया था। उसने आते ही कहा–रामराम, तुमने बूट बना तो नहीं डाले?

माधो–हां, बना रहा हूं।

नौकर–मेरे स्वामी का देहान्त हो गया, अब बूट बनाना व्यर्थ है।

माधो–अरे!

नौकर–वह तो घर तक भी पहुंचने नहीं पाये, गाड़ी में ही प्राण त्याग दिए। स्वामिनी ने कहा है कि उस चमड़े के स्लीपर बना दो।

माधो–(प्रसन्न होकर) यह लो स्लीपर।

आदमी स्लीपर लेकर चलता बना।

मैकू को माधो के साथ रहते-रहते छः वर्ष बीत गए। अब तक वह केवल दो बार हंसा था, नहीं तो चुपचाप बैठा अपना काम किए जाता था। माधो उस पर अति प्रसन्न था और डरता रहता था कि कहीं भाग न जाए। इस भय से फिर माधो ने उससे पता-बता कुछ नहीं पूछा।

एक दिन मालती के चूल्हे में आग जल रही थी, बालक आंगन में खेल रहे थे, माधो और मैकू बैठे जूते बना रहे थे कि एक बालक ने आकर कहा–चाचा मैकू, देखो, वह स्त्री दो लड़कियां संग लिये आ रही हैं।

मैकू ने देखा कि एक स्त्री चादर ओढ़े, छोटी-छोटी कन्याएं संग लिए चली आ रही है। कन्याओं का एकसा रंगरूप है, भेद केवल यह है कि उनमें एक लंगड़ी है। बूढ़ी भीतर आयी तो माधो ने पूछा–माई, क्या काम है?

उसने कहा–इन लड़कियों के जूते बना दो।

माधो बोला–बहुत अच्छा।

वह नाप लेने लगा तो देखा कि मैकू इन लड़कियों को इस प्रकार ताक रहा है, मानो पहले कहीं देखा है।

बूढ़ी–इस लड़की का एक पांव लुंजा है, एक नाप इसका ले लो। बाकी तीन पैर एक जैसे हैं। ये लड़कियां जुड़वां है।

माधो–(नाप लेकर) यह लंगड़ी कैसे हो गई, क्या जन्म से ही ऐसी है?

बूढ़ी–नहीं, इसकी माता ने ही इसकी टांग कुचल दी थी।

मालती–तो क्या तुम इनकी माता नहीं हो?

बूढ़ी–नहीं, बहन, न इनकी माता हूं, न सम्बन्धी। ये मेरी कन्याएं नहीं। मैंने इन्हें पाला है।

मालती–तिस पर भी तुम इन्हें बड़ा प्यार करती हो?

बूढ़ी–प्यार क्यों न करुं, मैंने अपना दूध पिला-पिलाकर इन्हें बड़ा किया है। मेरा अपना भी बालक था, परन्तु उसे परमात्मा ने ले लिया। मुझे इनके साथ उससे भी अधिक प्रेम है।

मालती–तो ये किसकी कन्याएं हैं?

बूढ़ी–छह वर्ष हुए कि एक सप्ताह के अंदर इनके माता-पिता का देहांत हो गया। पिता की मंगल के दिन मृत्यु हुई, माता की शुक्रवार को। पिता के मरने के तीन दिन पीछे ये पैदा हुईं। इनके मां-बाप मेरे पड़ोसी थे। इनका पिता लकड़हारा था। जंगल में लकड़ियां काटते-काटते वृक्ष के नीचे दबकर मर गया। उसी सप्ताह में इनका जन्म हुआ। जन्म होते ही माता भी चल बसी। दूसरे दिन जब मैं उससे मिलने गयी तो देखा कि बेचारी मरी पड़ी है। मरते समय करवट लेते हुए इस कन्या की टांग उसके नीचे दब गई। गांव वालों ने उसका दाहकर्म किया। इनके माता-पिता रंक थे, कौड़ी पास न थी। सब लोग सोचने लगे कि कन्याओं को कौन पाले। उस समय वहां मेरी गोद में दो महीने का बालक था। सबने यही कहा कि जब तक कोई प्रबन्ध न हो, तुम्हीं इनको पालो। मैंने इन्हें संभाल लिया। पहले-पहल मैं इस लंगड़ी को दूध नहीं पिलाया करती थी, क्योंकि मैं समझती थी कि यह मर जायेगी, पर फिर मुझे इस पर दया आ गई और इसे भी दूध पिलाने लगी। उस समय परमात्मा की कृपा से मेरी छाती में इतना दूध था कि तीनों बालकों को पिलाकर भी बह निकलता था। मेरा बालक मर गया, ये दोनों पल गईं। हमारी दशा पहले से अब बहुत अच्छी है। मेरा पति एक बड़े कारखाने में नौकर है। मैं इन्हें प्यार कैसे न करुं, ये तो मेरा जीवन आधार हैं।

यह कहकर बूढ़ी ने दोनों लड़कियों को छाती से लगा लिया।

मालती–सत्य है, मनुष्य माता-पिता के बिना जी सकता है, परन्तु ईश्वर के बिना जीता नहीं रह सकता।

ये बातें हो रही थीं कि सारा झोंपड़ा प्रकाशित हो गया। सबने देखा कि मैकू कोने में बैठा हंस रहा है।

बूढ़ी लड़कियों को लेकर बाहर चली गयी, तो मैकू ने उठकर माधो और मालती को परिणाम किया और बोला–स्वामी, अब मैं विदा होता हूं। परमात्मा ने मुझ पर दया की। यदि कोई भूलचूक हुई ही तो क्षमा करना।

माधो और मालती ने देखा कि मैकू का शरीर तेजोमय हो रहा है।

माधो दंडवत करके बोला–मैं जान गया कि तुम साधारण मनुष्य

नहीं। अब मैं तुम्हें नहीं रख सकता, न कुछ पूछ सकता हूं। केवल यह बता दो कि जब मैं तुम्हें अपने घर लाया था तो तुम बहुत उदास थे। जब मेरी स्त्री ने तुम्हें भोजन दिया तो तुम हंसे। जब वह धनी आदमी बूट बनवाने आया था तब तुम हंसे। आज लड़कियों के संग बूढ़ी आयी, तब तुम हंसे। यह क्या भेद है? तुम्हारे मुख पर इतना तेज क्यों है?

मैकू–तेज का कारण तो यह है कि परमात्मा ने मुझ पर दया की, मैं अपने कर्मों का फल भोग चुका। ईश्वर ने तीन बातों को समझाने के लिए मुझे इस मृत्युलोक में भेजा था, तीनों बातें समझ गया। इसलिए मैं तीन बार हंसा। पहली बार जब तुम्हारी स्त्री ने मुझे भोजन दिया, दूसरी बार धनी पुरुष के आने पर, तीसरी बार आज बूढ़ी की बात सुनकर।

माधो–परमेश्वर ने यह दंड तुम्हें क्यों दिया था? वे तीन बातें कौन सी हैं, मुझे भी बतलाओ?

मैकू–मैंने भगवान की आज्ञा न मानी थी, इसलिए यह दंड मिला था। मैं देवता हूं, एक समय भगवान ने मुझे एक स्त्री की जान लेने के लिए मृत्युलोक में भेजा। जाकर देखता हूं कि स्त्री अति दुर्बल है और भूमि पर पड़ी है। पास तुरन्त की जन्मी दो जुड़वां लड़कियां रो रही हैं। मुझे यमराज का दूत जानकर वह बोली–मेरा पति वृक्ष के नीचे दबकर मर गया है। मेरे न बहन है, न माता, इन लड़कियों का कौन पालन करेगा? मेरी जान न निकाल, मुझे इन्हें पाल लेने दे। बालक माता-पिता बिना पल नहीं सकता। मुझे उसकी बातों पर दया आ गई। यमराज के पास लौट आकर मैंने निवेदन किया कि महाराज, मुझे स्त्री की बातें सुनकर दया आ गई। उसकी जुड़वां लड़कियों को पालने वाला कोई नहीं था, इसलिए मैंने उसकी जान नहीं निकाली, क्योंकि बालक माता-पिता के बिना पल नहीं सकता। यमराज बोले–जाओ, अभी उसकी जान निकाल लो और जब तक ये तीन बातें न जान लोगे कि (1) मनुष्य में क्या रहता है, (2) मनुष्य को क्या नहीं मिलता, (3) मनुष्य का जीवन आधार क्या है, तब तक तुम स्वर्ग में न आने पाओगे। मैंने मृत्युलोक में आकर स्त्री की जान निकाल ली। मरते समय करवट लेते हुए उसे एक लड़की की टांग कुचल दी। मैं स्वर्ग को उड़ा, परन्तु आंधी आयी मेरे पंख उखड़ गए और मैं मन्दिर के पास आ गिरा।

अब माधो और मालती समझ गए कि मैकू कौन है। दोनों बड़े प्रसन्न हुए कि अहोभाग्य, हमने देवता के दर्शन किए।

मैकू ने फिर कहा–जब तक मनुष्य मनुष्य शरीर धारण नहीं किया था, मैं शीतगर्मी, भूखप्यास का कष्ट न जानता था, परन्तु मृत्युलोक में आने पर प्रकट हो गया कि दुःख क्या वस्तु है। मैं भूख और जाड़े का मारा मन्दिर में घुसना चाहता था, लेकिन मंन्दिर बंद था। मैं हवा की आड़ में सड़क पर बैठ गया। संध्यासमय एक मनुष्य आता दिखाई दिया। मृत्युलोक में जन्म लेने पर यह पहला मनुष्य था, जो मैंने देख था, उसका मुख ऐसा भयंकर था कि मैंने नेत्र मूंद लिये। उसकी ओर देख न सका। वह मनुष्य यह कह रहा था कि स्त्री-पुत्रों का पालन-पोषण किस भांति करें, वस्त्र कहां से लाये इत्यादि। मैंने विचारा, देखो, मैं तो भूख और शीत से मर रहा हूं, यह अपना ही रोना रो रहा है, मेरी कुछ सहायता नहीं करता। वह पास से निकल गया। मैं निराश हो गया। इतने में मेरे पास लौट आया, अब दया के कारण उसका मुख सुंदर दिखने लगा। माधो, वह मनुष्य तुम थे। जब तुम मुझे घर लाये, मालती का मुख तुमसे भयंकर था, क्योंकि उसमें दया का लेशमात्र न था, परन्तु जब वह दयालु होकर भोजन लायी तो उसके मुख की कठोरता जाती रही! तब मैंने समझा कि मनुष्य में तत्त्ववस्तु प्रेम है। इसीलिए पहली बार हंसा।

एक वर्ष पीछे वह धनी मनुष्य बूट बनवाने आया। उसे देखकर मैं इस कारण हंसा कि बूट तो एक वर्ष के लिए बनवाता है और यह नहीं जानता कि संध्या होने से पहले मर जाएगा। तब दूसरी बात का ज्ञान हुआ कि मनुष्य जो चाहता है सो नहीं मिलता और मैं दूसरी बार हंसा।

छह वर्ष पीछे आज यह बूढ़ी आयी तो मुझे निश्चय हो गया कि सबका जीवन आधार परमात्मा है, दूसरा कोई नहीं, इसलिए तीसरी बार हंसा।

मैकू प्रकाशस्वरूप हो रहा था, उस पर आंख नहीं जमती थी। वह फिर कहने लगा–देखो, प्राणि मात्र प्रेम द्वारा जीते हैं, केवल पोषण से कोई नहीं जी सकता। वह स्त्री क्या जानती थी कि उसकी लड़कियों को

कौन पालेगा, वह धनी पुरुष क्या जानता था कि गाड़ी में ही मर जाऊंगा, घर पहुंचना कहां! कौन जानता था कि कल क्या होगा, कपड़े की जरूरत होगी कि कफन की।

मनुष्य शरीर में मैं केवल इस कारण जीता बचा कि तुमने और तुम्हारी स्त्री ने मुझसे प्रेम किया। वे अनाथ लड़कियां इस कारण पलीं कि एक बूढ़ी ने प्रेमवश होकर उन्हें दूध पिलाया। मतलब यह है कि प्राणी केवल अपने जतन से नहीं जी सकते। प्रेम ही उन्हें जिलाता है। पहले मैं समझता था कि जीवों का धर्म केवल जीना है, परन्तु अब निश्चय हुआ कि धर्म केवल जीना नहीं, किन्तु प्रेमभाव से जीना है। इसी कारण परमात्मा किसी को यह नहीं बतलाता कि तुम्हें क्या चाहिए, बल्कि हर एक को यही बतलाता है कि सबके लिए क्या चाहिए। वह चाहता है कि प्राणि मात्र प्रेम से मिले रहें। मुझे विश्वास हो गया कि प्राणों का आधार प्रेम है, प्रेमी पुरुष परमात्मा में और परमात्मा प्रेमी पुरुष में सदैव निवास करता है। सारांश यह है कि प्रेम और परमेश्वर में कोई भेद नहीं।

यह कहकर देवता स्वर्गलोक को चला गया।

11

मूर्ख सुमन्त

एक समय एक गांव में एक धनी किसान रहता था। उसके तीन पुत्र थे–विजय सिपाही, तारा वणिक, सुमन्त मूर्ख। गूंगीबहरी मनोरमा नाम की एक कुंवारी कन्या भी थी। विजय तो जाकर किसी राजा की सेना में भर्ती हो गया। तारा ने किसी प्रसिद्ध नगर में सौदागरी की कोठी खोल ली। मूर्ख सुमन और मनोरमा माता-पिता के पास रहकर खेती का काम करने लगे।

विजय ने सेना में ऊंची पदवी प्राप्त करके एक इलाका मोल ले लिया और एक मालदार पुरुष की कन्या से विवाह कर लिया। उसकी आमदनी का कुछ ठिकाना न था, परन्तु फिर भी कुछ न बचता था।

विजय एक समय इलाके में पहुंचकर किसानों से बटाई मांगने लगा। किसान बोले कि महाराज हमारे पास न बैल हैं, न हल, न बीज। बटाई कहां से दें? पहले यह सामग्री जमा कर दो, फिर आपको इलाके से बहुत अच्छी आमदनी होने लगेगी। यह सुनकर विजय अपने पिता के पास पहुंचा और बोला–पिताजी, इतना धनी होने पर भी आपने मेरी कुछ सहायता नहीं की। मैंने सेना में काम किया और राजा को प्रसन्न कर एक

इलाका मोल लिया। उसके बन्धन के लिए धन की जरूरत है। मैं तीसरे भाग का हिस्सेदार हूँ, इसलिए मेरा भाग मुझे दे दीजिए कि अपना इलाका ठीक करुँ।

पिता–भला मैं पूछता हूं कि तुमने नौकरी पर रहते हुए कभी कुछ धन भी भेजा? सब काम सुमन्त करता है। मेरी समझ में तुम्हें तीसरा भाग देना सुमन्त और मनोरमा के साथ अन्याय करना है।

विज़य–सुमन्त तो मूर्ख है। मनोरमा गूंगी और बहरी है। उन्हें धन का क्या काम है। वे धन से क्या लाभ उठा सकते हैं?

पिता–अच्छा, सुमन्त से पूछ लूं।

पिता के पूछने पर सुमंत ने प्रसन्नतापूर्वक यही कहा कि विजय को उसका तीसरा भाग दे देना चाहिए।

विजय तीसरा भाग लेकर राजा के पास चला गया।

तारा ने भी व्यापार में बहुत धन संचय करके एक धनी पुरुष की पुत्री से विवाह किया। परन्तु धन की लालसा फिर भी बनी रही। वह भी पिता के पास आकर तीसरा भाग मांगने लगा।

पिता–मैं तुम्हें एक कौड़ी भी देना नहीं चाहता। विचारो तो, तुमने सौदागरी की कोठी खोलकर इतना धन इकट्ठा किया, कभी पिता को भी पूछा? यहां जो कुछ है, सब सुमंत की कमाई का फल है। उसका पेट काटकर तुम्हें दे देना अनुचित है।

तारा–मूर्ख सुमन्त को धन लेकर करना ही क्या है? आपके विचार में सुमन्त जैसे मूर्ख से कोई भी पुरुष अपनी कन्या ब्याह देगा? कदापि नहीं! रही मनोरमा, वह गूंगी और बहरी है। मैं सुमन्त से पूछ लेता हूं कि वह क्या कहता है!

तारा के पूछने पर सुमन्त ने तीसरा भाग देना तुरन्त स्वीकार कर लिया और तारा भी अपना भाग लेकर चम्पत हुआ। सुमन्त के पास जो कुछ सामान बच रहा, उसी से खेती का काम करके माता-पिता की सेवा करने लगा।

यह कौतुक देखकर अधर्म बड़ा दुःखी हुआ कि भाइयों ने प्रीतिसहित धन बांट लिया। जूतीपैजार कुछ भी न हुई। तीन भूतों को बुलाकर कहने

लगा–देखो विजय, तारा, सुमन्त तीन भाई हैं। धन बांटते समय उन्हें आपस में झगड़ा करना उचित था, परन्तु मूर्ख सुमन्त ने सब काम बिगाड़ डाला। उसी की मूर्खता से तीनों भाई आनन्द से जीवन व्यतीत कर रहे हैं। तुम जाओ और एक-एक के पीछे पड़कर ऐसा उत्पात मचाओ कि सबके-सब आपस में लड़ मरें। देखना, बड़ी चतुराई से काम करना।

तीनों भूत–धर्मावतार! जो तीनों को आपस में लड़ालड़ाकर मार न डाला, तो हमारा नाम अधर्मराज के भूत ही नहीं।

अधर्म–वाहवाह, शाबास! जाओ, मगर जो बिना काम पूरा किए लौटे तो खाल खींच लूंगा। इतना समझ लो।

तीनों भूत चलकर एक झील के किनारे बैठ गए और यह निश्चय किया कि कौन-कौन किस-किस भाई के पीछे लगे और साथ ही नियम बांध दिया कि जिस भूत का कार्य पहले समाप्त हो जाए, वह तुरन्त दूसरे भूतों की सहायता करे।

कुछ दिन पीछे वे तीनों फिर उसी झील पर जमा हुए और अपनी-अपनी कथा कहने लगे।

पहला–भाई साहब, मेरा काम तो बन गया। विजय भागकर पिता की शरण लेने के सिवाय अब और कुछ नहीं कर सकता।

दूसरा–बताओ तो उसे कैसे फांसा?

पहला–मैंने विजय को इतना घमंडी बना दिया कि वह एक दिन राजा से कहने लगा कि महाराज, यदि आप मुझे सेनापति की पदवी पर नियुक्त कर दें तो मैं आपको सारे जगत का चक्रवर्ती राजा बना दूँ। राजा ने उसे तुरन्त सेनापति बनाकर आज्ञा दी कि लंका के राजा को पराजित कर दो। बस फिर क्या था, लगी युद्ध की तैयारियां होने। लड़ाई छिड़ने से एक रात पहले मैंने विजय का सारा बारूद गीला कर दिया। उधर लंका के राजा के लिए घास के अनगिनत सिपाही बना दिये। दोनों सेनाओं के सम्मुख होने पर विजय के सिपाहियों ने घास के बने हुए अनन्त योद्धाओं को देखा तो उनके छक्के छूट गए। विजय ने गोले फेंकने का हुक्म दिया। बारूद गीली हो ही चुकी थी, तोपें आग कहां से देतीं? फल यह हुआ कि विजय की सेना को भागना ही पड़ा। राजा ने क्रोध करके उसका बड़ा

अपमान किया। उसका इलाका छिन गया। इस समय वह बन्दीखाने में कैद है। बस, केवल यह काम शेष रह गया, कि उसे बन्दीखाने से निकालकर उसको पिता के घर पहुँचा दूं। फिर छुट्टी है, जो चाहे उसकी सहायता के लिए तैयार हूं।

दूसरा–मेरा कार्य भी सिद्ध हो गया है। तुम्हारी सहायता की कोई आवश्यकता नहीं। तारा को पहले तो मोटा करके आलसी बनाया। फिर इतना लोभी बना दिया कि वह संसारभर का माल ले लेकर कोठरी भरने लगा। उसकी खरीद अभी तक जारी है। उसका सब धन खर्च हो गया और अब उधार रुपया लेकर माल ले रहा है। एक सप्ताह में उसका सब माल सत्यानाश कर दूंगा और तब उसे सिवाय पिता की शरण जाने के और कोई उपाय न रहेगा।

तीसरा–भाई, हमारा हाल तो बड़ा पतला है। पहले मैंने सुमन्त के पीने के पानी में पेट में दर्द उत्पन्न करने वाली बूटी मिलायी, फिर खेत में जाकर धरती को ऐसा कड़ा कर दिया कि उस पर हल न चल सके। मैं समझता था कि पीड़ा के कारण वह खेत बाहने न आएगा। परन्तु वह तो बड़ा ही मूर्ख है। आया और हल चलाने लगा। हाय-हाय करता जाता था, परन्तु हल हाथ से न छोड़ता था। मैंने हल तोड़ दिया, वह घर जाकर दूसरा ले आया। मैंने धरती में घुसकर हल की आनी पकड़ ली, उसने ऐसा धक्का मारा कि मेरे हाथ कटते-कटते बचे। उसने केवल एक टुकड़े के सिवाय बाकी सारा खेत बाह लिया है। यदि तुम मेरी सहायता न करोगे तो सारा खेल बिगड़ जाएगा क्योंकि यदि वह इस प्रकार खेतों को बाहता और बोता रहा, तो उसके भाई भूखे नहीं मर सकते। फिर बैरभाव किस भांति उत्पन्न हो सकता है? सुखपूर्वक उनका पालन-पोषण करता रहेगा।

पहला–कुछ चिंता नहीं। देखा जाएगा। घबराओ नहीं। कल अवश्य तुम्हारे पास आऊंगा।

सुमंत हल चला रहा था, अचानक पैर एक झाड़ी में फंस गया। उसे अचम्भा हुआ कि खेत में तो कोई झाड़ी न थी, यह कहां से आयी। बात यह थी कि भूत ने झाड़ी बनाकर सुमंत की टांग पकड़ ली थी।

सुमंत ने हाथ डालकर झाड़ी को जड़ से उखाड़ डाला, देखा तो उसमें काले रंग का एक भूत बैठा हुआ है।

सुमंत–(गला दबाकर) बोला, दबाऊं गला?

भूत–मुझे छोड़ दो। मुझसे जो कहोगे, वही करुंगा।

सुमंत–तुम क्या कर सकते हो?

भूत–सब कुछ।

सुमंत–मेरे पेट में दर्द हो रहा है, उसे अच्छा कर दो।

भूत–बहुत अच्छा।

भूत ने धरती में से तीन बूटियां लाकर एक बूटी सुमंत को खिला दी, दर्द बंद हो गया और दूसरी दो बूटियां सुमंत को देकर बोला–जिसको एक बूटी खिला दोगे, उसके सब रोग तत्काल दूर हो जायेंगे। अब मुझे जाने की आज्ञा दो। मैं फिर कभी न आऊंगा।

सुमंत–हां, जाओ, परमात्मा तुम्हारा भला करे।

परमात्मा का नाम सुनते ही भूत रसातल चला गया। केवल वहां एक छेद रह गया।

सुमंत ने दूसरी दो बूटियां पगड़ी में बांध लीं और घर चला आया, देखा कि विजय और उसकी स्त्री आये हुए हैं। बड़ा प्रसन्न हुआ।

विजय बोला–भाई सुमंत, जब तक मुझे नौकरी न मिले, तुम हम दोनों को यहां रख सकते हो?

सुमंत–क्यों नहीं, आपका घर है। आप आनन्द से रहिए।

भोजन करते समय विजय की सभ्य स्त्री पति से बोली कि सुमंत के शरीर से मुझे दुर्गन्ध आती है, इसे बाहर भेज दो।

विजय–सुमंत, मेरी स्त्री कहती है कि तुम्हारे शरीर से दुर्गन्ध आती है। पास बैठा नहीं जाता। तुम बाहर जाकर भोजन कर लो।

सुमंत–बहुत अच्छा, तुम्हें कष्ट न हो।

दूसरे दिन विजय वाला भूत खेत में आकर सुमंत वाले भूत को खोजने लगा। कहीं पता नहीं मिला, खेत के एक कोने पर छेद दिखाई दिया।

भूत जान गया कि साथी काम आया और खेत जुत चुका। क्या हुआ, चरावर में चलकर इस मूर्ख को देखता हूं। सुमंत के चरावर में पहुंचकर उसने इतना पानी छोड़ा कि सारी घास उसमें डूब गई।

इतने में सुमंत वहां आकर हंसुवे से घास काटने लगा। हंसुवे का मुंह मुड़ गया, घास किसी तरह न कटती थी। सुमंत ने सोचा कि यहां वृथा समय गंवाने से क्या लाभ होगा, पहले हंसुवा तेज करना चाहिए। रहा काम, यह तो मेरा धर्म है। एक सप्ताह क्यों न लग जाए, मैं घास काटे बिना यहां से चला जाऊं मेरा नाम सुमंत नहीं।

सुमंत घर जाकर हंसुवा ठीक कर लाया। भूत ने हंसुवा को पकड़ने का साहस किया, परंतु पकड़ न सका, क्योंकि सुमंत लगातार घास काटे जाता था। जब केवल घास का एक छोटा-सा टुकड़ा शेष रह गया तो भूत भागकर उसमें जा छिपा।

सुमंत कब रुकने वाला था! वह वहां पहुंचकर घास काटने लगा। भूत वहां से भागा, भागते समय उसकी पूंछ कट गई।

भूत ने विचारा कि चलो, जयी के खेतों में चलें, देखें जयी कैसे काटता है। वहां जाकर देखा तो जयी कटी पड़ी है।

भूत ने विचार किया कि यह मूर्ख बड़ा चांडाल है। दिन निकलने नहीं दिया। रात-रात में सारी जयी काट डाली। यह दुष्ट तो रात को भी काम में लगा रहता है। अच्छा, खलिहान में चलकर इसका भूसा सड़ाता हूं।

भूत भागकर चरी में छिप गया। सुमंत गाड़ी लेकर चरी लादने के लिए खलिहान में पहुंचा। एकाएक पूली उठाकर गाड़ी में रखने लगा कि एक पूला में से भूत निकल पड़ा।

सुमंत–अरे दुष्ट, तू फिर आया?

भूत–मैं दूसरा हूं, पहला मेरा भाई था।

सुमंत–कोई हो, अब जाने न पाओगे।

भूत–कृपा करके मुझे छोड़ दीजिए। आप जो आज्ञा दें, वही करने को तैयार हूं।

सुमंत–तुम क्या कर सकते हो?

भूत–मैं भूसे के सिपाही बना सकता हूं।

सुमंत–सिपाही क्या काम देते हैं?

भूत–तुम उनसे जो चाहो, सो काम करा सकते हो।

सुमंत–वे गाना गा सकते हैं?

भूत–क्यों नहीं!

सुमंत–अच्छा, बनाओ।

भूत–तुम चरी के पूले लेकर यह मंत्र पड़ो–'हे पूले, मेरी आज्ञा से सिपाही बन जा' और फिर पूले को धरती पर मारो, सिपाही बन जाएगा।

सुमंत ने वैसा ही किया, पूले सिपाही बनने लगे। यहां तक कि पूरी पलटन बन गई और मारू बाजा बजने लगा।

सुमंत–(हंसकर) वाह भाई, वाह! यह तो खूब तमाशा है, इसे देखकर बालक बहुत प्रसन्न होंगे।

भूत–आज्ञा है, अब जाऊं?

सुमंत–नहीं, अभी मुझे फिर पूले बना देने का मंत्र भी सिखा दो, नहीं तो ये हमारा सारा अनाज ही चट कर जायेंगे।

भूत बस, यह मंत्र पड़ो–'हे सिपाही, मेरे सेवक, मेरी आज्ञा से फिर पूले बन जाओ।' तब यह सब फिर पूले बन जायेंगे।

सुमंत ने मंत्र पढ़ा, सबके-सब पूले बन गए।

भूत–अब जाऊं? आज्ञा है।

सुमंत–हां जाओ, भगवान तुम पर दया करे।

भगवान का नाम सुनते ही भूत धरती में समा गया। पहले की भांति एक छेद शेष रह गया।

सुमंत जब घर लौटा तो देखा कि स्त्री सहित मंझला भाई तारा आया हुआ है। वह सुमंत से बोला–भाई सुमंत, लेहनेदारों के डर से भागकर तुम्हारे पास आये हैं। जब तक कोई रोजगार न करें, यहां ठहर सकते हैं कि नहीं?

सुमंत–क्यों नहीं, घर किसका और मैं किसका? आप आनंद से रहिए।

भोजन परसे जाने पर तारा की स्त्री ने तारा से कहा कि मैं गंवार के पास बैठकर भोजन नहीं कर सकती।

तारा–भाई सुमंत, मेरी स्त्री तुमसे घिन करती है। बाहर जाकर भोजन कर लो।

सुमंत–अच्छी बात है। आपका चित्त प्रसन्न चाहिए।

दूसरे दिन तारा वाला भूत सुमंत को दुःख देने के वास्ते खेत में पहुंचकर साथियों का ढूंढने लगा, पर किसी का पता न चला। खोजते-खोजते एक छेद तो खेत के कोने में मिला, दूसरा खलिहान में। उसे मालूम हो गया कि दोनों के दोनों यमलोक जा पहुंचे। अब मुझी से इस मूर्ख की बनेगी। देखूं कहां बचकर जाता है।

अतएव वह सुमंत की खोज लगाने लगा। सुमंत उस समय मकान बनाने के वास्ते जंगल में वृक्ष काट रहा था। दोनों भाइयों के आ जाने से घर में आदमियों के लिए जगह न थी। भाई यह चाहते थे कि अलग-अलग मकान में रहें, इसलिए मकान बनाना आवश्यक हो गया था।

भूत वृक्ष पर चढ़कर शाखाओं में बैठ, सुमंत के काम में विघ्न डालने लगा। सुमंत कब टलने वाला था, संध्या होते-होते उसने कई वृक्ष काट डाले। अंत में उसने उस वृक्ष को भी काट दिया, जिस पर भूत चढ़ बैठा था। टहनियां काटते समय भूत उसके हाथ में आ गया।

सुमंत–हैं! तुम फिर आ गए?

भूत–नहीं-नहीं, मैं तीसरा हूं। पहले दोनों मेरे भाई थे।

सुमंत–कुछ भी हो, अब मैं नहीं छोड़ने का।

भूत–तुम जो कुछ कहोगे, वही करुंगा। कृपा करके मुझे जान से न मारिए।

सुमंत–तुम क्या कर सकते हो?

भूत–मैं वृक्ष के पत्तों से सोना बना सकता हूं।

सुमंत–अच्छा, बनाओ।

भूत ने वृक्ष के सूखे पत्ते लेकर हाथ से मले और मंत्र पढ़कर सोना बना दिया। सुमंत ने मंत्र सीख लिया और सोना देखकर प्रसन्न हुआ।

सुमंत–भाई भूत, इसका रंग तो बड़ा सुन्दर है, बालकों के खिलौने इसके अच्छे बन सकते हैं।

भूत–अब आज्ञा है, जाऊं?

सुमंत–जाओ, परमेश्वर तुम पर अनुग्रह करें।

परमेश्वर का नाम सुनते ही यह भूत भी भूमि में समा गया, केवल छेद ही छेद बाकी रह गया।

घर बनाकर तीनों भाई सुखपूर्वक जीवन व्यतीत करने लगे। जन्माष्टमी के त्योहार पर सुमंत ने भाइयों को भोजन करने को नेवता भेजा। उन्होंने उत्तर दिया कि हम गवारों के साथ प्रीतिभोजन नहीं कर सकते।

सुमंत ने इस पर कुछ बुरा नहीं माना। गांव के स्त्री-पुरुष, बालक और बालिकाओं को एकत्र करके भोजन करने लगा।

भोजन करने के उपरांत सुमंत बोला–क्यों भाई मित्रो, एक तमाशा दिखलाऊं?

सब–हां, दिखालाइए।

सुमंत ने सूखे पत्ते लेकर सोने का एक टोकरा भर दिया और लोगों की ओर फेंकने लगा। किसान लोग सोने के टुकड़े लूटने लगे। आपस में इतना धक्कमधक्का हुआ कि एक बेचारी बूढ़ी कुचल गई।

सुमंत ने सबको धिक्कार कर कहा–तुम लोगों ने बूढ़ी माता को क्यों कुचल दिया शांत हो जाओ तो और सोना दूं। यह कहकर टोकरी का सब सोना लुटा दिया। फिर सुमंत ने स्त्रियों से कहा कि कुछ गाओ। स्त्रियां गाने लगीं।

सुमंत–हूं, तुम्हें गाना नहीं आता।

स्त्रियां–हमें तो ऐसा ही आता है और अच्छा सुनना हो तो किसी और को बुला लो।

सुमंत ने तुरंत ही भूसे के सिपाही बनाकर पलटन खड़ी कर दी, बैंड बजने लगा। गंवार लोगों को बड़ा ही अचम्भा हुआ। सिपाही बड़ी देर तक गाते रहे, तब सुमंत ने उनको फिर भूसा बना दिया और सब लोग अपने-अपने घर चले गए।

प्रातःकाल विजय ने यह चर्चा सुनी तो हांफता-हांफता सुमंत के पास आया, बोला–भाई सुमंत, यह सिपाही तुमने किस रीति से बनाए थे?

सुमंत–क्यों? आपको क्या काम है?

विजय–काम की एक ही कही। सिपाहियों की सहायता से तो हम राज्य जीत सकते हैं।

सुमंत–यह बात है! तुमने पहले क्यों नहीं कहा? खलिहान में चलिए, वहां चलकर जितने कहो, उतने सिपाही बना देता हूं, परंतु शर्त यह है कि उन्हें तुरंत ही यहां से बाहर ले जाना, नहीं तो वे गांव का गांव चट कर जायेंगे।

अतएव खलिहान में जाकर उसने कई पलटनें बना दीं और पूछा–बस कि और?

विजय–(प्रसन्न होकर) बस बहुत है, तुमने बड़ा एहसान किया।

सुमंत–एहसान की कौनसी बात है। अब के वर्ष भूसा बहुत हुआ है यदि कभी टोटा पड़ जाय तो फिर आ जाना, फिर सिपाही बना दूंगा।

अब विजय धरती पर पांव नहीं रखता था। सेना लेकर उसने तुरंत युद्ध करने के वास्ते प्रस्थान कर दिया।

विजय के जाते ही तारा भी आ पहुंचा और सुमंत से बोला–भाई साहब, मैंने सुना है कि तुम सोना बना लेते हो। हायहाय! यदि थोड़ासा सोना मुझे मिल जाए तो मैं सारे संसार का धन खींच लूं।

सुमंत–अच्छा, सोने में यह गुण है! तुमने पहले क्यों नहीं कहा? बतलाओ, कितना सोना बना दूं

तारा–तीन टोकरे बना दो।

सुमंत ने तीन टोकरे सोना बना दिया।

तारा–आपने बड़ी दया की।

सुमंत–दया की कौन बात है, जंगल में पत्ते बहुत हैं। यदि कमी हो जाय तो फिर आ जाना, जितना सोना मांगोगे, उतना ही बना दूंगा।

सोना लेकर तारा व्यापार करने चल दिया।

विजय ने सेना की सहायता से एक बड़ा भारी राज्य विजय कर लिया। उधर तारा के धन का भी पारावार न रहा। एक दिन दोनों में मुलाकात हुई। बातें होने लगीं।

विजय–भाई तारा, मैंने तो अपना राज्य अलग बना लिया और अब चैन करता हूँ, परंतु इन सिपाहियों का पेट कहां से भरुं? रुपये की कमी है, सदैव यही चिंता बनी रही है।

तारा–तो क्या आप समझते हैं कि मुझे चिन्ता नहीं है, मेरे धन की गिनती नहीं, पर उसकी रखवाली करने को सिपाही नहीं मिलते। बड़ी विपत्ति में पड़ा हूं।

विजय–चलिए, सुमंत मूर्ख के पास चलें। मैं तुम्हारे वास्ते थोड़े से सिपाही बनवा दूं और तुम मेरे लिए थोड़ासा सोना बनवा दो।

तारा–हां, ठीक है, चलिए।

दोनों भाई सुमंत के पास पहुंचे।

विजय–भाई सुमंत, मेरी सेना में कुछ कमी है, कुछ सिपाही और बना दो।

सुमंत–नहीं, अब मैं और सिपाही नहीं बनाता।

विजय–पर तुमने वचन जो दिया था, नहीं तो मैं आता ही क्यों? कारण क्या है? क्यों नहीं बनाते?

सुमंत–कारण यह कि तुम्हारे सिपाहियों ने एक मनुष्य को मार डाला। कल जब मैं अपना खेत जोत रहा था, तो पास से एक अरथी देखी। मैंने पूछा, कौन मर गया? एक स्त्री ने कहा कि विजय के सिपाहियों ने युद्ध में मेरे पति को मार डाला। मैं तो आज तक केवल यह समझता था कि सिपाही बैंड बजाया करते हैं, परन्तु वे तो मनुष्य की जान मारने लगे। ऐसे सिपाही बनाने से तो संसार का नाश हो जाएगा।

तारा–अच्छा, यदि सिपाही नहीं बनाते, तो मेरे लिए सोना तो थोड़ासा और बना दो। तुमने वचन दिया था कि कमी हो जाने पर फिर बना दूंगा।

सुमंत–हां, वचन तो दिया था, पर मैं अब सोना भी न बनाऊंगा।

तारा–क्यों?

सुमंत—इसलिए कि तुम्हारे सोने ने बसंत की लड़की से उसकी गाय छीन ली।

तारा-यह कैसे?

सुमंत—बसंत की पुत्री के पास एक गाय थी। बालक उसका दूध पीते थे। कल वे बालक मेरे पास दूध मांगने आए। मैंने पूछा कि तुम्हारी गाय कहां गई, तो कहने लगे कि तारा का एक सेवक आकर तीन टुकड़े सोने के देकर हमारी गाय ले गया। मैं तो यह जानता था कि सोना, बनवा-बनवाकर तुम बालकों को बहलाया करोगे, परंतु तुमने तो उनकी गाय ही छीन ली। बस, सोना अब नहीं बन सकता।

दोनों भाई निराश होकर लौट पड़े। राह में यह समझौता हुआ कि विजय तारा को कुछ सिपाही दे दे और तारा विजय को कुछ सोना। कुछ दिन बाद धन के बल से तारा ने भी एक राज्य मोल ले लिया और दोनों भाई राजा बनकर आनंद करने लगे।

सुमंत गूंगी बहन के सहित खेती का काम करते हुए अपने माता-पिता की सेवा करने लगा। एक दिन उसकी कुतिया बीमार हो गई, उसने तत्काल पहले भूत की दी हुई बूटी उसे खिला दी। वह निरोग होकर खेलने-कूदने लगी। यह हाल देखकर माता-पिता ने इसका ब्यौरा पूछा। सुमंत ने कहा कि मुझे एक भूत ने दो बूटियां दी थीं। वह सब प्रकार के रोगों को दूर कर सकती हैं। उनमें से एक बूटी मैंने कुतिया को खिला दी।

उसी समय दैवगति से वहां के राजा की कन्या बीमार हो गई। राजा ने यह डोंडी पिटवायी थी कि जो पुरुष मेरी कन्या को अच्छा कर देगा, उसके साथ उसका विवाह कर दिया जाएगा। माता-पिता ने सुमंत से कहा कि यह तो बड़ा अच्छा अवसर है। तुम्हारे पास एक बूटी बची है। जाकर राजा की कन्या को अच्छा कर दो और उमर भर चैन करो।

सुमंत जाने पर राजी हो गया। बाहर आने पर देखा कि द्वार पर कंगाल बूढ़ी खड़ी है।

बूढ़ी—सुमंत, मैंने सुना है कि तुम रोगियों का रोग दूर कर सकते हो। मैं रोग के हाथों बहुत दिनों से कष्ट भोग रही हूं। पेट को रोटियां

मिलती ही नहीं, दवा कहां से करुं? तुम मुझे कोई दवा दे दो तो बड़ा यश होगा।

सुमंत तो दया का भंडार था, बूटी निकालकर तुरंत बूढ़ी को खिला दी। वह चंगी होकर उसे आशीष देती हुई घर को चली गई।

माता-पिता यह हाल सुनकर बड़े दुःखी हुए और कहने लगे कि सुमंत, तुम बड़े मूर्ख हो। कहां राजकन्या और कहां यह कंगाल बूढ़ी! भला इस बूढ़ी को चंगा करने से तुम्हें क्या मिला?

सुमंत–मुझे राजकन्या के रोग दूर करने की भी चिन्ता है। वहां भी जाता हूं।

माता–बूटी तो है ही नहीं, जाकर क्या करोगे?

सुमंत–कुछ चिन्ता नहीं, देखो तो सही क्या होता है।

समदर्शी पुरुष देवरूप होता है। सुमंत के राजमहल पर पहुंचते ही राजकन्या निरोग हो गईं। राजा ने अति प्रसन्न होकर उसका विवाह सुमंत के साथ कर दिया।

इसके कुछ काल पीछे राजा का देहान्त हो गया। पुत्र न होने के कारण वहां का राज सुमंत को मिल गया।

अब तीनों भाई राजपदवी पर पहुंच गए।

विजय का प्रभाव सूर्य की भांति चमकने लगा। उसने भूसे के सिपाहियों से सचमुच के सिपाही बना दिए। राज्य भर में यह हुक्म जारी कर दिया कि दस घर पीछे एक मनुष्य सेना में भर्ती किया जाए और कवायदपरेड कराकर सेना को अस्त्रशस्त्र विद्या में ऐसा चतुर कर दिया, कि जब कोई शत्रु सामना करता, तो वह तुरंत उसका विध्वंस कर देता। सारे राजा उसके भय से कांपने लगे, वह अखंड राज करने लगा।

तारा बड़ा बुद्धिमान था। उसने धन संचय करने के निमित्त मनुष्यों, घोड़ों, गाड़ियों, जूतों, जुराबों, वस्त्रों तात्पर्य यह कि जहां तक हो सका, सब व्यावहारिक वस्तुओं पर कर बैठा दिया। धन रखने को लोहे की सलाखों वाले पक्के खजाने बना दिये और चोरीचकारी, लूटमार, धन सम्बन्धी झगड़े बन्द करने के निमित्त अनगिनत कानून जारी कर दिए।

संसार में रुपया ही सबकुछ है। रुपये की भूख से सब लोग आकर उसकी सेवा करने लगे।

अब सुमंत मूर्ख की करतूत सुनिए। ससुर का क्रियाकर्म करके उसने राजसी रत्नजटित वस्त्रों को उतारकर, सन्दूक में बन्द कर अलग धर दिए। मोटे-झोटे कपड़े पहन लिये और किसानों की भांति खेती का काम करने का विचार किया। बैठे-बैठे उसका जी ऊबता था।

भोजन न पचता, बदन में चर्बी बढ़ने लगी, नींद और भूख दोनों जाती रही। उसने अपनी गूंगी बहन और माता-पिता को अपने पास बुला लिया और ठीक पहले की भांति खेती का काम करना आरंभ कर दिया।

मंत्री–आप तो राजा हैं, आप यह क्या काम करते हैं!

सुमंत-तो क्या मैं भूखा मर जाऊं? मुझे तो काम के बिना भूख ही नहीं लगती। करुं तो क्या करुं?

दूसरा मंत्री–(सामने आकर) महाराज, राज्य का प्रबंध किस प्रकार किया जाए? नौकरों को तलब कहां से दें? रुपया तो एक नहीं।

सुमंत–यदि रुपया नहीं तो तलब मत दो।

मंत्री–तलब लिये बिना काम कौन करेगा?

सुमंत–काम कैसा, न करने दो। करने को खेतों में क्या काम थोड़ा है। खाद संभालना, समय पर खेती करना, यह सब काम ही हैं कि और कुछ?

इतने में एक मुकदमे वाले सामने आये।

किसान–महाराज, उसने मेरे रुपये चुरा लिये।

सुमंत–कोई बात नहीं, उसको रुपये की जरूरत होगी।

सब लोग जान गये कि सुमंत महामूर्ख है। एक दिन रानी बोली–'प्राणनाथ, सब लोग यही कहते हैं कि आप मूर्ख हैं।

सुमंत–तो इसमें हानि ही क्या है?

रानी ने विचारा कि धर्मशास्त्र की यही आज्ञा है कि स्त्री का परमेश्वर पति है। जिसमें वह प्रसन्न रहे, वही काम करना धर्म है। अतएव वह भी राजा सुमंत के साथ खेती का काम करने लगी।

यह दशा देखकर बुद्धिमान पुरुष सबके-सब अन्य देशों में चले गये। केवल मूर्ख ही मूर्ख यहां रह गए। इस राज्य में रुपया प्रचलित न था। राजा से लेकर रंक तक खेती का काम करते, आप खाते और दूसरों को खिलाकर प्रसन्न होते।

इधर अधर्मराज बैठे देख रहे हैं कि तीनों भाइयों का सर्वनाश करके भूत अब आते हैं, अब आते हैं, परंतु वहां आता कौन? अधर्म को बड़ा आश्चर्य हुआ कि यह क्या बात है। अंत में सोच-विचारकर स्वयं खोज लगाने के लिए चला।

सुमंत के पुराने गांव में जाने पर ढूढ़ने से तीन छेद मिले। अधर्म को मालूम हो गया कि तीनों भूत मारे गए। वह भाइयों की खोज में चला। जाकर देखा तो तीनों भाई राजा बने बैठे हैं। फिर क्या था, जलभुनकर राख ही तो हो गया। दांत पीसकर बोला–देखूं यह सब मेरे हाथ से बचकर कहां जाते हैं? वह एक सेनापति का वेश बदलकर पहले विजय के पास पहुंचा और हाथ जोड़कर विनय की–महाराज, मैंने सुना है कि आप महा शूरवीर हैं। मैं अस्त्र-शस्त्र विद्या में अति निपुण हूं। इच्छा है कि आपकी सेवा करके अपना गुण प्रकट करुं।

विजय उसकी चितवनों से ताड़ गया कि आदमी चतुर और बुद्धिमान है, उसे झट सेनापति की पदवी पर नियुक्त कर दिया।

नवीन सेनापति सेना को बढ़ने का प्रबन्ध करने लगा। विजय से बोला–महाराज, मेरे ध्यान में राज्य में बहुत लोग ऐसे हैं जो कुछ नहीं करते। राज्य की स्थिरता सेना से ही होती है। इसलिए एक तो सब युवक पुरुषों को रंगरूट भर्ती करके सेना पहले से पांचगुनी कर देनी चाहिए, दूसरे नये नमूने की बन्दूकें और तोपें बनाने के वास्ते राजधानी में कारखाने खोलने चाहिए। मैं एक फायर में सौ गोली चलाने वाली बन्दूक और घोड़े, मकान, पुल इत्यादि नष्ट कर देने वाली तोपें बना सकता हूं।

विजय ने प्रसन्नापूर्वक झट सारी राजधानी में एक आज्ञापत्र जारी कर दिया कि सब लोग रंगरूट भर्ती किए जायं। नये नमूने की तोपें और बंदूकें बनाने के वास्ते जगहजगह कारखाने खोल दिए। युद्ध की समस्त

सामग्री जमा होने पर पहले उसने पड़ोसी राजा को जीता, फिर मैसूर के राजा पर चढ़ाई का डांका बजा दिया।

पर सौभाग्य से मैसूर के राजा ने विजय का सारा वृत्तांत सुन रखा था। विजय ने तो पुरुषों को ही भर्ती किया था, उसने स्त्रियों को भी सेना में भर्ती कर लिया। नये से नये नमूने की बन्दूकें और तोपें बना डालीं, सेना विजय से चौगुनी कर दी और नवीन कल्पना यह की कि बम के ऐसे गोले बनाए जाएं जो आकाश से छोड़े जाएं और धरती पर फटकर शत्रु की सेना का नाश कर दें।

विजय ने समझा था कि पड़ोसी राजा की भांति छिन में मैसूर के राजा को जीतकर उसकी राज्य छीन लूंगा, परन्तु यहां रंगत ही कुछ और हुई। सेना अभी गोली की मार में भी नहीं पहुंची थी की शत्रु की सेना की स्त्रियों ने आकाश से बम के गोले बरसाने आरम्भ कर दिए विजय की सारी सेना काई की भांति फट गई। आधी वहीं काम आयी, आधी भयभीत होकर भाग गयी। विजय अकेला क्या कर सकता था? भागते ही बनी। मैसूर के राजा ने उसके राज्य पर अपना अधिकार कर लिया।

विजय का सर्वनाश करके अधर्म तारा के राज्य में पहुंचा और सौदागर का वेश धारण करके वहां एक कोठी खोल दी। जो पुरुष कोई माल बेचने आता, उसे चौगुने-पचगुने दाम पर ले लेता। शीघ्र ही वहां की प्रजा मालदार हो गई। तारा यह हाल देखकर बड़ा प्रसन्न हुआ और कहने लगा कि व्यापार बड़ी वस्तु है। इस सौदागर के आने से मेरा कोष धन से भर गया। किसी बात की कमी नहीं रही।

अब तारा ने एक महल बनाना शुरू किया। उसे विश्वास था कि रुपये के लालच से राज, मजदूर, मसाला सब कुछ सामग्री शीघ्र ही मिल जायेगी कोई कठिनाई न होगी। परन्तु राजा का महल बनाने के वास्ते कोई न आया। अधर्म सौदागर के पास रुपये की गिनती न थी। उसकी अपेक्षा राजा उससे अधिक मजूरी और दाम नहीं दे सकता। उसका महल न बन सका। तारा को साधारण मकान में ही रहना पड़ा।

इसके पीछे उसने एक बाग लगाना आरम्भ किया। उस सौदागर ने तालाब खुदवाना शुरू कर दिया। सब लोग रुपया अधिक होने के कारण

सौदागर के वश में थे। राजा का काम कोई न करता था। बाग भी बीच में ही रह गया। शीतकाल आने पर तारा ने ऊनी वस्त्र आदि खरीदने का विचार किया। सारा संसार छान डाला। जहां पूछा, यही उत्तर मिला कि सौदागर ने कोई वस्त्र नहीं छोड़ा, सारे के सारे खरीदकर ले गया।

यहां तक कि रुपये के प्रभाव से अधर्म ने राजा के सब नौकर अपने पास खींच लिये। राजा भूखों मरने लगा। क्रुद्ध होकर उसने सौदागर को अपनी राजधानी से निकाल दिया। अधर्म ने सीमा पर जाकर डेरा जमाया। तारा को कुछ करते-धरते नहीं बनता था। उसे उपवास किए तीन दिन बीत चुके थे कि विजय आकर सम्मुख खड़ा हो गया।

विजय–भाई तारा, मैं तो मर चुका। मेरी सेना, राजपाट सब नष्ट हो गया। मैसूर के राजा ने मेरी राजधानी पर अपना अधिकार कर लिया, भागकर तुम्हारे पास आया हूं, मेरी कुछ सहायता कीजिए।

तारा–सहायता की एक ही कही। यहां आप अपनी जान पर आ बनी है। उपवास किए तीन दिन हो चुके हैं, खाने को अन्न तक तो मिलता नहीं, तुम्हारी सहायता किस प्रकार करुं?

12

राजपूत कैदी

धर्मसिंह नामी राजपूत राजपूताना की सेना में एक अफसर था। एक दिन माता की पत्री आयी कि मैं बूढ़ी होती जाती हूं, मरने से पहले एक बार तुम्हें देखने की अभिलाषा है, यहां आकर मुझे विदा कर आशीर्वाद लो और क्रियाकर्म करके आनंदपूर्वक नौकरी पर लौट जाना। तुम्हारे वास्ते मैंने एक कन्या खोज रखी है, वह बड़ी बुद्धिमती और धनवान है। यदि तुम्हें भाये तो उससे विवाह करके सुखपूर्वक घर ही पर रहना।

उसने सोचा–ठीक है, माता दिनोंदिन दुर्बल होती जा रही है, सम्भव है कि फिर मैं उसके दर्शन न कर सकूं। इस कारण चलना ही ठीक है। कन्या यदि सुंदर हुई तो विवाह करने में क्या हानि है। वह सेनापति से छुट्टी लेकर, साथियों से विदा हो, चलने को प्रस्तुत हो गया।

उस समय राजपूतों और मराठों में युद्ध हो रहा था। रास्ते में सदैव भय रहता था। यदि कोई राजपूत अपना किला छोड़कर कुछ दूर बाहर निकल जाता था, तो मराठे उसे पकड़कर कैद कर लेते थे। इस कारण यह प्रबन्ध किया गया था कि सप्ताह में दो बार सिपाहियों की एक कम्पनी मुसाफिरों को एक किले से दूसरे किले तक पहुंचा आया करती थी।

गरमी की रात थी। दिन निकलते ही किले के नीचे असबाब की गाड़ियां लादकर तैयार हो गईं। सिपाही बाहर आ गए और सबने सड़क की राह ली। धर्मसिंह घोड़े पर सवार हो, आगे चल रहा था। सोलह मील का सफर था, गाड़ियां धीरेधीरे चलती थीं। कभी सिपाही ठहर जाते थे, कभी गाड़ी का पहिया निकल जाता था तो कभी कोई घोड़ा अड़ जाता था।

दोपहर हो चुकी थी। रास्ता आधा भी नहीं कटा था। गरम रेत उड़ रही थी। धूप आग का काम कर रही थी। छाया कहीं नहीं थी। साफ मैदान था। सड़क पर न कोई वृक्ष, न झाड़ी। धर्मसिंह आगे था और कभी-कभी इस कारण ठहर जाता था कि गाड़ियां आकर मिल जाये। मन में विचारने लगा कि आगे क्यों न चलूं। घोड़ा तेज है, यदि मराठे धावा करेंगे, तो घोड़ा दौड़ा कर निकल जाऊंगा। यह सोच ही रहा था कि चरनसिंह बन्दूक हाथ में लिये उसके पास आया और बोला—आओ, आगे चलें। इस समय बड़ी गरमी है। भूख के मारे व्याकुल हो रहा हूं। सभी कपड़े पसीने में भीग रहे हैं। चरनसिंह भारी-भरकम आदमी था। उसका मुंह लाल था।

धर्मसिंह—तुम्हारी बन्दूक भरी हुई है?

चरनसिंह—हां, भरी हुई है।

धर्मसिंह—अच्छा चलो, पर बिछुड़ न जाना।

यह दोनों चल दिए, बातें करते जाते थे, पर ध्यान दाएं-बाएं था। साफ मैदान होने के कारण दृष्टि चारों ओर जा सकती थी। आगे चलकर सड़क दो पहाड़ियों के बीच से होकर निकलती थी।

धर्मसिंह—उस पहाड़ी पर चढ़कर चारों ओर देख लेना उचित है। ऐसा न हो कि अचानक मराठे कहीं से आकर हमें पकड़ लें।

चरनसिंह—अजी, चले भी चलो।

धर्मसिंह—नहीं, आप यहां ठहरिए, मैं जाकर देख आता हूं।

धर्मसिंह ने घोड़ा पहाड़ी की ओर फेर दिया। घोड़ा शिकारी था, उसे पक्षी की भांति ले उड़ा। वह अभी पहाड़ी की चोटी पर नहीं पहुंचा था कि सौ कदम आगे तीस मराठे दिखाई पड़े। धर्मसिंह लौट पड़ा, परन्तु

मराठों ने उसे देख लिया और बन्दूकें संभालकर घोड़े दौड़ा, उस पर लपके। धर्मसिंह बेतहाशा नीचे उतरा और चरनसिंह को पुकारकर कहने लगा–बन्दूकें तैयार रखो और घोड़े से बोला–प्यारे, अब समय है। देखना, ठोकर न खाना नहीं तो झगड़ा समाप्त हो जायगा, एक बार बन्दूक ले लेने दे....फिर मैं किसी के बांधने का नहीं। उधर चरनसिंह मराठों को देखकर घोड़े को चाबुक मार, ऐसा भागा कि गरदे में घोड़े की पूंछ ही पूंछ दिखाई दी और कुछ नहीं।

धर्मसिंह ने देखा कि बचने की आशा नहीं है, खाली तलवार से क्या बनेगा, वह किले की ओर भाग निकला परन्तु छह मराठे उस पर टूट पड़े। धर्मसिंह का घोड़ा तेज था, पर उनके घोड़े उससे भी तेज थें। तिस पर यह बात हुई कि वे सामने से आ रहे थे। धर्मसिंह चाहता था कि घोड़े की बाग मोड़कर उसे दूसरे रास्ते पर डाल दे, परन्तु घोड़ा इतना तेज जा रहा था कि रुक नहीं सका। सीधा मराठों से जा टकराया। सजे घोड़े पर सवार बन्दूक उठाए लाल दाढ़ी वाला एक मराठा दांत निकालता हुआ उसकी ओर लपका। धर्मसिंह ने कहा कि मैं इन दुष्टों को भलीभांति जानता हूं। यदि वे मुझे जीता पकड़ लेंगे तो किसी कन्दरा में फेंककर कोड़े मारा करेंगे, इसलिए या तो आगे निकलो, नहीं तो तलवार से एकदो का काम कर दो। मरना अच्छा है, कैद होना ठीक नहीं। धर्मसिंह और मराठों में दस हाथ का ही अन्तर रह गया था कि पीछे से गोली चली। धर्मसिंह का घोड़ा घायल होकर गिरा और वह भी उसके साथ ही धरती पर आ रहा।

धर्मसिंह उठना चाहता था कि दो मराठे आकर उसकी मुस्कें कसने लगे। धर्मसिंह ने धक्का देकर उन्हें दूर गिरा दिया, परन्तु दूसरों ने आकर बन्दूक के कुन्दों से उसे मारना शुरू किया और वह घायल होकर फिर पृथ्वी पर गिर पड़ा। मराठों ने उसकी मुस्कें कस लीं, कपड़े फाड़ दिए, रुपया-पैसा सब छीन लिया। धर्मसिंह ने देखा कि घोड़ा जहां गिरा था, वहीं पड़ा है। एक मराठे ने पास जाकर जीन उतारनी चाही। घोड़े के सिर में एक छेद हो गया था। उसमें से काला रक्त बह रहा था। दो हाथ इधर-उधर की धरती कीचड़ हो गई थी। घोड़ा चित्त पड़ा हवा में पैर पटक

रहा था। मराठे ने गले पर तलवार फेंक दी, घोड़ा मर गया। उसने जीन उतार ली।

लाल दाढ़ी वाला मराठा घोड़े पर सवार हो गया। दूसरों ने धर्मसिंह को उसके पीछे बिठाकर उसे उसकी कमर से बांध दिया और जंगल का रास्ता लिया।

धर्मसिंह का बुरा हाल था। मस्तक फटा था, लहू बहकर आंखों पर जम गया था। मुस्कों के मारे कंधा फटा जाता था। वह हिल नहीं सकता था। उसका सिर बार-बार मराठे की पीठ से टकराता था। मराठे पहाड़ियों पर ऊपर-नीचे होते हुए एक नदी पर पहुंचे, उसे पार करके एक घाटी मिली। धर्मसिंह यह जानना चाहता था कि वे किधर जा रहे हैं। परन्तु उसके नेत्र बंद थे, वह कुछ न देख सका।

शाम होने लगी, मराठे दूसरी नदी पार करके एक पथरीली पहाड़ी पर चढ़ गए। यहां धुआं और कुत्तों का भूंकना सुनायी दिया, मानो कोई बस्ती है। थोड़ी देर चलकर गांव आ गया। मराठों ने गांव छोड़ दिया, धर्मसिंह को एक ओर धरती पर बिठा दिया। बालक आकर उस पर पत्थर फेंकने लगे। परन्तु एक मराठे ने उन्हें वहां से भगा दिया। लाल दाढ़ी वाले ने एक सेवक को बुलाया, वह दुबला-पतला आदमी फटा हुआ कुर्ता पहने था। मराठे ने उससे कुछ कहा, वह जाकर बेड़ी उठा लाया। मराठों ने धर्मसिंह की मुस्कें खोलकर उसके पांव में बेड़ी डाल दी और उसे कोठरी में कैद करके ताला लगा दिया।

उस रात धर्मसिंह जरा भी नहीं सोया। गरमी की ऋतु में रातें छोटी होती हैं, शीघ्र प्रातःकाल हो गया। दीवार में एक झरोखा था, उसी से अन्दर उजाला आ रहा था। झरोखे के द्वारा धर्मसिंह ने देखा कि पहाड़ी के नीचे एक सड़क उतरी है, दायीं ओर एक मराठे का झोंपड़ा है। उसके सामने दो पेड़ हैं। द्वार पर एक काला कुत्ता बैठा हुआ है। पास एक बकरी और उसके बच्चे पूंछ हिलाते फिर रहे हैं। एक स्त्री चमकीले रंग की साड़ी पहने पानी की गागर सिर पर धरे हुए एक बालक की उंगली पकड़े झोंपड़े की ओर आ रही है। वह अन्दर गयी कि लाल दाढ़ी वाला मराठा रेशमी कपड़े पहने, चांदी के मुट्ठे की तलवार लटकाए हुए बाहर आया और सेवक

से कुछ बात करके चल दिया। फिर दो बालक घोड़ों को पानी पिलाकर लौटते हुए दिखाई पड़े। इतने में कुछ बालक कोठरी के निकट आकर झरोखे में टहनियां डालने लगे। प्यास के मारे धर्मसिंह का कंठ सूखा जाता था। उसने उन्हें पुकारा, परन्तु वे भाग गए।

इतने में किसी ने कोठरी का ताला खोला। लाल दाढ़ी वाला मराठा भीतर आया। उसके साथ एक नाटा पुरुष था। उसका सांवला रंग, निर्मल काले नेत्र, गोल कपोल, कढ़ी हुई महीन दाढ़ी थी। वह प्रसन्न मुख हंसोड़ था। यह पुरुष लाल दाढ़ी वाले मराठे से बहुत बिढ़िया वस्त्र पहने हुए था, सुनहरी गोट लगी हुई नीले रंग की रेशमी अचकन थी। चांदी के म्यान वाली तलवार, कलाबत्तू का जूता था। लाल दाढ़ीवाला मराठा कुछ बड़बड़ाता धर्मसिंह को कनखियों से देखता द्वार पर खड़ा रहा। सांवला पुरुष आकर धर्मसिंह के पास बैठ गया और आंखें मटकाकर जल्दी-जल्दी अपनी मातृभाषा में कहने लगा–बड़ा अच्छा राजपूत है।

धर्मसिंह ने एक अक्षर भी न समझा–हां, पानी मांगा। सांवला पुरुष हंसा, तब धर्म ने होंठ और हाथों के संकेत से जताया कि मुझे प्यास लगी है। सांवले पुरुष ने पुकारा–सुशीला!

एक छोटी सी कन्या दौड़ती हुई भीतर आयी। तेरह वर्ष की अवस्था, सावंला रंग, दुबली-पतली, नेत्र काले और रसीले, सुन्दर बदन, नीली साड़ी, गले में स्वर्णहार पहने हुए। सांवले पुरुष की पुत्री मालूम पड़ती थी। पिता की आज्ञा पाकर वह पानी का एक लोटा ले आई और धर्मसिंह को भौंचक्की होकर देखने लगी कि वह कोई वनचर है।

फिर खाली लोटा लेकर सुशीला ने ऐसी छलांग मारी कि सांवला पुरुष हंस पड़ा। तब पिता के कहने से कुछ रोटी ले आई। इसके पीछे वे सब बाहर चले गए और कोठरी का ताला बंद कर दिया।

कुछ देर पीछे एक सेवक आकर मराठी में कुछ कहने लगा। धर्म ने समझा कि कहीं चलने को कहता है। वह उसके पीछे हो लिया, बेड़ी के कारण लंगड़ाकर चलता था। बाहर आकर धर्म ने देखा कि दस घरों का एक गांव है। एक घर के सामने तीन लड़के तीन घोड़े पकड़े खड़े हैं। सांवला पुरुष बाहर आया और धर्म को भीतर आने को कहा। धर्म भीतर

चला गया, देखो कि मकान स्वच्छ है, गोबरी फिरी हुई है, सामने की दीवार को आगे गद्दा बिछा हुआ है। तकिये लगे हुए हैं। दायी-बायीं दीवारों पर पर्दे गिरे हुए हैं। उन पर चांदी के काम की बन्दूकें, पिस्तौलें और तलवारें लटकी हुई हैं। गद्दे पर पांच मराठे बैठे हैं। एक सांवला पुरुष दूसरा लाल दाढ़ी वाला और तीन अतिथि-सब भोजन कर रहे हैं।

धर्मसिंह धरती पर बैठ गया। भोजन से निश्चित होकर एक मराठा बोला–देखो राजपूत, तुम्हें दयाराम ने पकड़ा है, (सांवले पुरुष की ओर उंगली करके) और सम्पतराव के हाथ बेच डाला है, अतएव अब सम्पतराव तुम्हारा स्वामी है।

धर्मसिंह कुछ न बोला। सम्पतराव हंसने लगा।

मराठा–वह यह कहता है कि तुम घर से रुपये मंगवा लो, दण्ड दे देने पर तुमको छोड़ दिया जाएगा।

धर्मसिंह–कितने रुपये?

मराठा–तीन हजार।

धर्मसिंह–मैं तीन हजार नहीं दे सकता।

मराठा–कितना दे सकते हो?

धर्मसिंह–पांच सौ।

यह सुनकर मराठे सिटपिटाए। सम्पतराव दयाराम से तकरार करने लगा और इतनी जल्दी-जल्दी बोलने लगा कि उसके मुंह से झाग निकल आया। दयाराम ने आंखें नीची कर लीं थोड़ी देर में मराठे शांत हुए और फिर मोल-तोल करने लगे। एक मराठे ने कहा–पांच सौ रुपये से काम नहीं चल सकता। दयाराम को सम्पतराव का रुपया देना है। पांच सौ रुपये में तो सम्पतराव ने तुम्हें मोल ही लिया है, तीन हजार से कम नहीं हो सकता। यदि रुपया न मंगाओगे तो तुम्हें कोड़े मारे जायेंगे।

धर्म ने सोचा कि जितना डरोगे, यह दुष्ट उतना ही डरायेंगे। वह खड़ा होकर बोला–इस भले मानुस से कह दो कि यदि मुझे कोड़ों का भय दिखायेगा तो मैं घर वालों को कुछ नहीं लिखूंगा। मैं तुम चाण्डालों से नहीं डरता।

सम्पतराव–अच्छा, एक हजार मंगाओ।

धर्मसिंह–पांच सौ से एक कौड़ी ज्यादा नहीं। यदि तुम मुझे मार ड़ालोगे तो इस पांच सौ से भी हाथ धो बैठोगे।

यह सुनकर मराठे आपस में सलाह करने लगे। इतने में एक सेवक एक मनुष्य को लिये हुए भीतर आया। यह मनुष्य मोटा था, नंगे पैर, बेड़ी पड़ी हुई। धर्मसिंह उसे देखकर चकित हो गया। वे पुरुष चरनसिंह था। सेवक ने चरनसिंह को धर्म के पास बैठा दिया। वे एकदूसरे से अपनी व्यथा कहने करने लगे। धर्मसिंह ने अपना वृत्तांत कह सुनाया। चरनसिंह बोला–मेरा घोड़ा अड़ गया, बन्दूक रंजक चाट गई और सम्पतराव ने मुझे पकड़ लिया।

सम्पतराव–(फिर) अब तुम दोनों एक ही स्वामी के वश में हो। जो पहले रुपया दे देगा, वही छोड़ दिया जाएगा। (धर्मसिंह की ओर देखकर) देखा, तुम कैसे क्रोधी हो और तुम्हारा साथी कैसा सुशील है। उसने पांच हजार रुपये भेजने को घर लिख दिया है, इस कारण उसका पालन-पोषण भली-भांति किया जाएगा।

धर्मसिंह–मेरा साथी जो चाहे सो करे, वह धनवान है और मैं तो पांच सौ रुपये से अधिक नहीं दे सकता, चाहे मारो, चाहे छोड़ो।

मराठे चुप हो गए। सम्पतराव झट से कलमदान उठा लाया। कागज, कलम, दवात निकालकर धर्म की पीठ ठोंक, उसे लिखने को कहा। वह पांच सौ रुपये लेने पर राजी हो गया था।

धर्मसिंह–जरा ठहरो। देखो, हमारा पालन-पोषण भली-भांति करना, हमें एक साथ रखना, जिससे हमारा समय अच्छी तरह कट जाए। बेड़ियां भी निकाल दो।

सम्पतराव–जैसा चाहे वैसा भोजन करो। बेड़ियां नहीं निकाल सकता। शायद तुम भाग जाओ। हां, रात को निकाल दिया करुंगा।

धर्मसिंह ने पत्र लिख दिया। परन्तु पता सब झूठ लिखा, क्योंकि मन में निश्चय कर चुका था कि कभी न कभी भाग जाऊंगा।

तब मराठों ने चरनसिंह और धर्मसिंह को एक कोठरी में पहुंचाकर एक लोटा पानी, कुछ बाजरे की रोटियां देकर ऊपर से ताला बंद कर दिया।

धर्मसिंह और चरनसिंह को इस प्रकार रहते-रहते एक महीना गुजर गया। सम्पतराव उनको देखकर सदैव हंसता रहता था, पर खाने को बाजरे की अधपकी रोटी के सिवाय और कुछ न देता था। चरनसिंह उदास रहता और कुछ न करता। दिनभर कोठरी में पड़ा सोया रहता और दिन गिनता रहता था कि रुपया कब आए कि छूटकर अपने घर पहुंचू। धर्म तो जानता था कि रुपया कहां से आना है। जो कुछ घर भेजता था, माता उसी पर निवार्ह करती थी। वह बेचारी पांच सौ रुपये कैसे भेज सकती है। ईश्वर की दया होगी तो मैं भाग जाऊंगा। वह घात में लगा हुआ था। कभी सीटी बजाता हुआ गांव का चक्कर लगाता, कभी बैठकर मिट्टी के खिलौने और टोकरियां बनाता। वह हाथों का चतुर था।

एक दिन उसने एक गुड़िया बनाकर छत पर रख दी। गांव की स्त्रियां जब पानी भरने आयीं, तो सुशीला ने उनको बुलाकर गुड़िया दिखलायी। वे सब हंसने लगीं। धर्मसिंह ने गुड़िया सबके आगे कर दी, परन्तु किसी ने नहीं ली। वह उसे बाहर रखकर कोठरी में चला गया कि देखें क्या होता है। सुशीला गुड़िया उठाकर भाग गई।

अगले दिन धर्म ने देखा कि सुशीला द्वार पर बैठी गुड़िया के साथ खेल रही है। एक बूढ़ी आयी। उसने गुड़िया छीनकर तोड़ डाली, सुशीला भाग गयी। धर्मसिंह ने और गुड़िया बनाकर सुशीला को दे दी। फल यह हुआ कि वह एक दिन छोटा सा लोटा लायी, भूमि पर रखा और धर्म को दिखाकर भाग गई। धर्म ने देखा तो उसमें दूध था। अब सुशीला नित्य अच्छे-अच्छे भोजन लाकर धर्म को देने लगी।

एक दिन आंधी आयी। एक घंटा मूसलाधार बारिस हुई, नदियां-नाले भर गए। बांध पर सातफुट पानी चढ़ आया। जहां-तहां झरने झरने लगे, धार ऐसी प्रबल थी कि पत्थर लुढ़के जाते थे। गांव की गलियों में नदियां बहने लगीं। आंधी थम जाने पर धर्मसिंह ने सम्पतराव से चाकू मांगकर एक पहिया बना, उसके दोनों ओर दो गुड़िया बांधकर पहिए को पानी में छोड़ दिया, वह पानी के बल से चलने लगा। सारा गांव इकट्ठा हो गया और गुड़ियों को नाचते देखकर तालियां बजाने लगा। सम्पतराव के पास एक पुरानी बिगड़ी हुई घड़ी पड़ी थी। धर्मसिंह ने उसे ठीक कर दिया।

उसके पीछे और लोग अपने घंटे, पिस्तौल, घड़ियां ला-लाकर धर्म से ठीक कराने लगे। इस कारण सम्पतराव ने प्रसन्न होकर धर्मसिंह को एक चिमटी, एक बरमी और एक रेती दे दी।

एक दिन एक मराठा रोगी हो गया। सब लोग धर्मसिंह के पास आकर दवा दारू मांगने लगे। धर्म कुछ वैद्य तो था ही नहीं, पर उसने पानी में रेता मिलाकर कुछ मन्त्र सा पढ़कर कहा कि जाओ, यह पानी रोगी को पिला दो। पानी पिलाने पर रोगी चंगा हो गया। धर्म के भाग्य अच्छे थे। अब बहुत से मराठे उसके मित्र बन गए। हां, कुछ लोग अब भी उस पर संदेह करते थे।

दयाराम धर्मसिंह से चिढ़ा था। जब उसे देखता, मुंह फेर लेता। पहाड़ी के नीचे एक और बूढ़ा रहता था। मंदिर में आने के समय धर्मसिंह उसे देखा करता था। यह बूढ़ा नाटा था। दाढ़ीमूंछ बर्फ की भांति श्वेत, मुंह लाला, उसमें झुर्रियां पड़ी हुईं, नाक नुकीली, नेत्र निर्दयी, दो दाढ़े के सिवाय सब दांत टूटे हुए। वहीं लकड़ी टेकता, चारों ओर भेड़िए की तरह झांकता हुआ मंदिर में जाने के समय जब कभी धर्मसिंह को देख पाता था तो जलकर राख हो जाता और मुंह फेर लेता था।

एक दिन धर्मसिंह बूढ़े का घर देखने के लिए पहाड़ी के नीचे उतरा। कुछ दूर जाने पर एक बगीचा मिला। चारों ओर पत्थर की दीवार बनी हुई थी। बीच में मेवे के वृक्ष लगे हुए थे। वृक्षों में एक झोंपड़ा था। धर्मसिंह आगे बढ़कर देखना चाहता था कि उसकी बेड़ी खड़की। बूढ़ा चौंका। कमर से पिस्तौल निकालकर उसने धर्मसिंह पर गोली चलाई, पर वह दीवार की ओट में हो गया। बूढ़े को आकर सम्पतराव से कहते सुना कि धर्मसिंह बड़ा दुष्ट है। सम्पतराव ने धर्म को बुलाकर पूछा–तुम बूढ़े के घर क्यों गये थे?

धर्मसिंह बोला–मैंने उसका कुछ नहीं बिगाड़ा। मैं केवल यह देखने लगा था कि वह बूढ़ा कहां रहता है। सम्पत ने बूढ़े को शांत करने का बहुत यत्न किया, पर वह बड़बड़ाता ही रहा। धर्मसिंह केवल इतना ही समझ सका कि बूढ़ा यह कह रहा है कि राजपूतों का गांव में रहना अच्छा नहीं, उन्हें मार देना चाहिए। बूढ़ा चल दिया, तो धर्मसिंह ने सम्पतराव से पूछा कि बूढ़ा कौन है?

सम्पतराव-यह बड़ा आदमी है, इसने बहुत राजपूत मारे हैं। पहले यह बड़ा धनाढ्य था। इसके तीन स्त्रियां और आठ पुत्र थे। सब एक ही गांव में रहा करते थे। एक दिन राजपूतों ने धावा करके गांव जला दिया। इसके सात पुत्र तो मर गए, आठवां कैद हो गया। यह बूढ़ा राजपूतों के पास जाकर और उनके संग रहकर अपने पुत्र की खोज लगाने लगा। अन्त में उसे पाकर अपने हाथ से उसका वध करके भाग आया। फिर विरक्त होकर तीर्थयात्रा को चला गया। अब यह पहाड़ी के नीचे रहता है। यह बूढ़ा कहता था कि तुम्हें मार डालना उचित है, परंतु मैं तुमको मार नहीं सकता, फिर रुपया कहां से मिलेगा? इसके सिवाय मैं तुम्हें यहां से जाने भी न दूंगा।

इस तरह धर्म यहां एक महीना रहा। दिन को वह इधर-उधर फिरा करता या कोई चीज बनाता, लेकिन रात को वह दीवार में छेद किया करता। दीवार पत्थर की थी, खोदना सहज नहीं था। लेकिन वह पत्थरों को रेती से काटता था। यहां तक कि अन्त में उसने अपने निकलने भर को एक छेद बना लिया। बस, अब उसे यह चिन्ता हुई कि रास्ता मालूम हो जाय।

एक दिन सम्पतराव शहर गया हुआ था। धर्मसिंह भोजन करके तीसरे पहर रास्ता देखने की इच्छा से सामने वाली पहाड़ी की ओर चल दिया। सम्पतराव बाहर जाते समय अपने पुत्र से सदैव कह जाया करता था कि धर्मसिंह को आंखों से परे न होने देना। इस कारण बालक उसके पीछे दौड़ा और चिल्लाकर कहने लगा–मत जाओ, मेरे पिता की आज्ञा नहीं है यदि तुम नहीं लौटोगे, तो मैं गांव वालों को बुला लूंगा।

धर्मसिंह बालक को फुसलाने लगा–मैं दूर नहीं जाता, केवल उस पहाड़ी पर जाने की इच्छा है। रोगियों के वास्ते मुझे एक बूटी की जरूरत है, तुम भी साथ चलो। बेड़ी के होते कैसे भागूंगा? असम्भव है। आओ, कल मैं तुमको तीर कमान बना दूंगा।

बालक मान गया। पहाड़ी की चोटी कुछ दूर न थी। बेड़ी के कारण चलना कठिन था, परन्तु ज्यों-त्यों करके धर्मसिंह चोटी पर पहुंचकर चारों ओर देखने लगा। दक्षिण दिशा में एक घाटी दिखायी दी। उसमें घोड़े चल

रहे थे। घाटी के नीचे एक गांव था। उससे परे एक ऊंची पहाड़ी थी, फिर एक और पहाड़ी थी। इन पहाड़ियों के बीचों-बीच जंगल था, उससे परे पहाड़ थे, एक से एक ऊंचे। पूर्व और पश्चिम दिशा में भी ऐसी ही पहाड़ियां थीं। कन्दराओं में से जहां तहां गांवों का धुआं उठ रहा था। वास्तव में यह मराठों का देश था। उत्तर की ओर देखा, तो पैरोंतले एक नदी बह रही है और वहीं गांव है, जिसमें वह रहा करता था। गांव के चारों ओर बगीचे लगे हुए थे और स्त्रियां नदी पर बैठी वस्त्र धो रही थीं और ऐसी जान पड़ती थीं मानो गुड़िया बैठी हैं। गांव से परे एक पहाड़ी थी, परन्तु दक्षिण दिशा वाली पहाड़ी से नीची। उससे परे दो पहाड़ियां और थीं, उन पर घना जंगल था। इनके बीच में मैदान था। मैदान के पार बहुत दूर पर कुछ धुआंसा दिखाई दिया। अब धर्मसिंह को याद आया कि किले में रहते हुए सूर्य कहां से उदय होता और कहां अस्त हुआ करता था। उसे निश्चय हो गया कि धुएं का बादल हमारा किला है और उसी मैदान में से जाना होगा।

अंधेरा हो गया। मंदिर का घंटा बजने लगा। पशु घर लौट आये। धर्मसिंह भी अपनी कोठरी में आ गया। रात अंधेरी थी। उसने उसी रात भागने का विचार किया पर दुर्भाग्य से संध्या समय मराठे घर लौट आये। आज उसके साथ एक मुर्दा था। मालूम होता था कि कोई मराठा युद्ध में मारा गया है।

मराठे उस शव को स्नान कराकर श्वेत वस्त्र लपेट, अर्थी बना 'राम नाम सत्त' कहते हुए गांव से बाहर जाकर श्मशानभूमि में दाह करके घर लौट आये। तीन दिन उपवास करने के बाद चौथे दिन बाहर चले गए। सम्पतराव घर ही में रहा। रात अंधेरी थी, शुक्ल पक्ष अभी लगा ही था।

धर्मसिंह ने सोचा कि रात को भागना ठीक है। चरनसिंह से कहा—भाई चरन सुरंग तैयार है। चलो, भाग चलें।

चरनसिंह—(भयभीत होकर) रास्ता तो जानते ही नहीं, भागेंगे कैसे?

धर्मसिंह—रास्ता मैं जानता हूं।

चरनसिंह—माना कि तुम रास्ता जानते हो, परन्तु एक रात में किले तक नहीं पहुंच सकते।

धर्मसिंह–यदि किले तक नहीं पहुंच सकेंगे तो रास्ते में कहीं जंगल में छिपकर दिन काट लेंगे। देखो, मैंने भोजन का प्रबन्ध भी कर लिया है। यहां पड़े-पड़े सड़ने में क्या लाभ है? यदि घर में रुपया न आया तो क्या बनेगा? राजपूतों ने एक मराठा मार डाला है। इस कारण यह सब बहुत बिगड़े हुए हैं। भागना ही उचित है।

चरनसिंह–अच्छा, चलो।

गांव में जब सन्नाटा हो गया, तो धर्मसिंह सुरंग से बाहर निकल आया। पर चरनसिंह के पैर से एक पत्थर गिर पड़ा। धमाका हुआ तो सम्पतराव का कुत्ता भूंका, लेकिन धर्मसिंह ने उसे पहले ही हिला लिया था, उसका शब्द सुनकर वह चुप हो गया।

रात अंधेरी थी। तारे निकले हुए थे। चारों ओर सन्नाटा था। घाटियां धुन्ध से की हुई थीं। चलते-चलते रास्ते में किसी छत पर से एक बूढ़े के राम नाम जपने की आवाज सुनाई दी। दोनों दुबक गए। थोड़ी देर में फिर सन्नाटा छा गया, तब वे आगे बड़े।

धुन्ध बहुत छा गई। धर्मसिंह तारों की ओर देखकर राह चलने लगा। ठंड के कारण चलना सहज न था, धर्मसिंह कूदता फांदता चला जाता था, चरनसिंह पीछे रहने लगा।

चरनसिंह–भाई धर्म, जरा ठहरो, जूतों ने मेरे पैरों में छाले डाल दिए।

धर्मसिंह–जूते निकालकर फेंक दो, नंगे पैर चलो।

चरनसिंह ने जूते निकालकर फेंक दिए, पत्थरों ने उसके पांव घायल कर दिए। वह ठहर ठहरकर चलने लगा।

धर्मसिंह–देखों चरन, पांव तो फिर चंगे हो जायेंगे, पर यदि मराठों ने आ पकड़ा तो फिर समझ लो कि जान गई।

चरनसिंह चुप होकर पीछे चलने लगा। थोड़ी दूर जाने पर धर्मसिंह बोला–हाय, हाय, हम रास्ता भूल गए, हमें तो बायीं ओर की पहाड़ी पर चढ़ना चाहिए था।

चरनसिंह–ठहरो, दम जरा लेने दो। मेरे पैर घायल हो गए हैं। देखो, रक्त बह रहा है।

धर्मसिंह–कुछ चिन्ता नहीं, ये सब ठीक हो जायेंगे, तुम चले चलो।

वे लौटकर बायीं ओर की पहाड़ी पर चढ़ गए। आगे जंगल मिला। झाड़ियों ने उनके सब वस्त्र फाड़ डाले। इतने में कुछ आहट हुई, वे डर गए। समीप जाने पर मालूम हुआ कि बारहसिंगा भागा जा रहा है।

प्रातःकाल होने लगा। किला यहां से अभी सात मील पर था। मैदान में पहुंचकर चरनसिंह बैठ गया और बोला–मेरे पांव थक गए, मैं अब नहीं चल सकता।

धर्मसिंह–(क्रोध से) अच्छा तो रामराम, मैं अकेला ही चलता हूं।

चरनसिंह उठकर साथ हो लिया। तीन मील चलने पर अचानक सामने से घोड़े की टाप सुनाई दी। वे भागकर जंगल में घुस गए।

धर्मसिंह ने देखा कि घोड़े पर चढ़ा हुआ एक मराठा जा रहा है। जब वह निकल गया तो धर्म बोला कि भगवान ने बड़ी दया की कि उसने हमें नहीं देखा। चरन भाई, अब चलो।

चरनसिंह–मैं नहीं चल सकता, मुझमें ताकत नहीं।

चरनसिंह मोटा आदमी था, ठंड के मारे उसके पैर अकड़ गए। धर्मसिंह उसे उठाने लगा, तो चरनसिंह ने चीख मारी।

धर्मसिंह–यह क्या, मराठा तो अभी पास ही जा रहा है, कहीं सुन न ले अच्छा, यदि तुम नहीं चल सकते हो, तो मेरी पीठ पर बैठ जाओ।

धर्मसिंह ने चरनसिंह को पीठ पर बिठलाकर किले की राह ली।

धर्मसिंह–भाई चरनसिंह, सीधी तरह बैठे रहो, गला क्यों घोंटते हो?

अब उधर की बात सुनिए। मराठे ने चरनसिंह का शब्द सुन लिया। उसने गोली चलायी, परन्तु खाली गई। मराठा दूसरे साथियों को लेने के लिए घोड़ा दौड़ाकर चल दिया।

धर्मसिंह–चरन, मालूम होता है कि उस दुष्ट ने तुम्हारी आवाज सुन ली। वह अपने साथियों को बुलाने गया है। यदि उसके आने से पहले-पहले हम दूर नहीं निकल जायेंगे, तो समझो कि जान गई। (मन में) यह बोझा मैंने क्यों उठाया, यदि मैं अकेला होता तो अब तक कभी का निकल गया होता।

चरनसिंह–तुम अकेले चले जाओ, मेरे कारण प्राण क्यों खोते हो?

धर्मसिंह—कदापि नहीं, साथी को छोड़कर चल देना धर्म के विरुद्ध है।

धर्मसिंह फिर चरनसिंह को कन्धे पर लादकर चलने लगा। आधा मील चलने पर एक झरना मिला। धर्मसिंह बहुत थक गया था। चरनसिंह को कन्धे से उतारकर विश्राम करने लगा। पानी पीना ही चाहता था कि पीछे से घोड़ों की टापें सुनाई दीं। दोनों भागकर झाड़ियों में छिप गए।

मराठे ठीक वहीं आकर ठहरे, जहां दोनों छिपे हुए थे। उन्होंने सूंघ लेने को कुत्ता छोड़ा। फिर क्या था, दोनों पकड़े गए। मराठों ने दोनों को घोड़ो पर लाद लिया। राह में सम्पतराव मिल गया, अपने कैदियों को पहचाना। तुरन्त उन्हें अपने साथ वाले घोड़ों पर बैठाया और दिन निकलते-निकलते वे सब गराम में पहुंच गए।

उसी समय बूढ़ा भी वहां आ गया। सब मराठे विचार करने लगे कि क्या किया जाए। बूढ़े ने कहा कि कुछ मत करो, इन दोनों का तुरन्त वध कर दो।

सम्पतराव—मैंने तो उन पर रुपया लगाया है, मार कैसे डालूं?

बूढ़ा—राजपूतों को पालना पाप है। वे तुम्हें सिवाय दुःख के और कुछ न देंगे, मारकर झगड़ा समाप्त करो।

मराठे इधर-उधर चले गए। सम्पतराव धर्मसिंह के पास आया और बोला—देखो धर्मसिंह, पन्द्रह दिन के अन्दर यदि रुपया न आया और तुमने फिर भागने का साहस किया, तो मैं तुम्हें अवश्य मार डालूंगा, इसमें सन्देह नहीं। अब शीघ्र घर वालों को पत्र लिख डालो कि तुरन्त रुपया भेज दें।

दोनों ने पत्र लिख दिए। फिर वे पहले की भांति कैद कर दिए गए, परन्तु कोठरी में नहीं, अब की बार छः हाथ चौड़े गड्ढे में बंद किए गए।

अब उन्हें अत्यन्त कष्ट दिया जाने लगा। न बाहर जा पाते थे, न बेड़ियां निकाली जाती थीं। कुत्तों के समान अधपकी रोटी, एक लोटे में पानी पहुंचा दिया जाता था और कुछ नहीं। कोठरी में अंधेरा था और अति दुर्गंध थी। चरनसिंह का सारा शरीर सूख गया, धर्मसिंह मनमलीन, तनछीन रहने लगा। करे तो क्या करे?

धर्म एक दिन बहुत उदास बैठा था कि ऊपर से रोटी गिरी, देखा तो सुशीला बैठी हुई है।

धर्मसिंह ने सोचा, क्या सुशीला इस काम में मेरी सहायता कर सकती है। अच्छा, इसके लिए कुछ खिलौने बनाता हूं। कल जब आयेगी, तब इसे देकर फिर बात करुंगा।

दूसरे दिन सुशीला नहीं आयी। धर्मसिंह के कान में घोड़ों के टापों की आवाज आयी। कई आदमी घोड़ों पर सवार उधर से निकल गए। वे सब बातें करते जाते थे। धर्मसिंह को और तो कुछ न समझ में आया–हां, 'राजपूत' शब्द बारबार सुनायी दिया। इससे उसने अनुमान किया कि राजपूतों की सेना कहीं निकट आ पहुंची है।

तीसरे दिन सुशीला फिर आयी और दो रोटियां गड्डे में फेंक दीं, तब धर्मसिंह बोला–तू कल क्यों नहीं आयी? देख, मैंने तेरे वास्ते ये खिलौने बनाये हैं।

सुशीला–खिलौने लेकर क्या करुंगी मुझे खिलौने नहीं चाहिए। उन्होंने तुम्हें मार डालने का विचार कल पक्का कर लिया है। सब मराठे इकट्ठे हुए थे, इसी कारण मैं कल नहीं आ सकी।

धर्मसिंह–कौन मारना चाहता है?

सुशीला–मेरा पिता। बूढ़ों ने यह सलाह दी है कि राजपूतों की सेना निकट आ गई है, तुम्हें मार डालना ही ठीक है। मुझे तो यह सुनकर रोना आता है।

धर्मसिंह–यदि तुम्हें दया आती है, तो एक बांस ला दो।

सुशीला–यह नहीं हो सकता।

धर्मसिंह–सुशीला, दया कर, मैं हाथ जोड़कर कहता हूं कि एक बांस ला दो।

सुशीला–बांस कैसे लाऊं, वे सब घर पर बैठे हैं, देखे लेंगे। यह कहकर वह चली गई।

सूर्य अस्त हो गया। तारे चमकने लगे। चांद अभी नहीं निकला था, मन्दिर का घंटा बजा, बस फिर सन्नाटा हो गया। धर्मसिंह इस विचार में बैठा था कि सुशीला बांस लायेगी अथवा नहीं।

अचानक ऊपर से मिट्टी गिरने लगी। देखा तो सामने की दीवार में बांस लटक रहा है। धर्मसिंह बहुत प्रसन्न हुआ। उसने बांस को नीचे खींच लिया।

बाहर आकाश में तारे चमक रहे थे। गटे के किनारे पर मुंह रखकर धीरे से सुशीला ने कहा—धर्मसिंह, सिवाय दो के और सब बाहर चले गये हैं।

धर्मसिंह ने चरनसिंह से कहा—भाई चरन! आओ, एक बार फिर यत्न कर देखें, हिम्मत न हारो। चलो, मैं तुम्हारी सहायता करने को तैयार हूं।

चरनसिंह—मुझमें तो करवट लेने की शक्ति नहीं, चलना तो एक ओर रहा। मैं नहीं भाग सकता।

धर्मसिंह—अच्छा, राम-राम, परन्तु मुझे निर्दयी मत समझना।

धर्मसिंह चरनसिंह से गले मिला, बांस का एक सिरा सुशीला ने पकड़ा, दूसरा सिरा धर्मसिंह ने। इस भांति वह बाहर निकल आया।

धर्मसिंह—सुशीला, तुम्हें भगवान कुशल से रखें। मैं जन्मभर तुम्हारा जस गाऊंगा। अच्छा, जीती रहो, मुझे भूल मत जाना।

धर्मसिंह ने थोड़ी दूर जाकर पत्थरों से बेड़ी तोड़ने का बहुत ही यत्न किया, पर वह न टूटी। वह उसे हाथ में उठाकर चलने लगा। वह चाहता था कि चन्द्रमा उदय होने से पहले जंगल में पहुंच जाय, परन्तु पहुंच न सका। चन्द्रमा निकल आया, चारों ओर उजाला हो गया, पर सौभाग्य से जंगल में पहुंचने तक राह में कोई न मिला।

धर्मसिंह फिर बेड़ी तोड़ने लगा, पर सारा यत्न निष्फल हुआ। वह थक गया, हाथपांव घायल हो गए। विचारने लगा, अब क्या करूं? बस, चलो, ठहरने का काम नहीं। यदि एक बार बैठ गया, तो फिर उठना कठिन हो जायेगा। माना कि प्रातःकाल से पहले किले में नहीं पहुंच सकता, न सही, दिनभर जंगल में काट दूंगा, रात आने पर फिर चल दूंगा सहसा पास से दो मराठे निकले, वह झट झाड़ी में छिप गया।

चांद फीका पड़ गया, सवेरा होने लगा। जंगल पीछे छूट गया, साफ मैदान आ गया। किला दिखाई देने लगा। बायीं ओर देखने पर मालूम

हुआ कि थोड़ी दूर पर कुछ राजपूत सिपाही खड़े हैं। धर्मसिंह मग्न हो गया और बोला–अब क्या है, परन्तु ऐसा न हो कि मराठे पीछे से आ पकड़ें, मैं सिपाहियों तक न पहुंच सकूं, इस कारण जितना भागा जाए भागो।

इतने में बायीं ओर दो सौ कदम की दूरी पर कुछ मराठे दिखाई दिए। धर्म निराश हो गया, चिल्ला उठा–भाइयो, दौड़ो, दौड़ो! मुझे बचाओ, बचाओ!

राजपूत सिपाहियों ने धर्मसिंह की पुकार सुन ली। मराठे समीप थे, सिपाही दूर थे। वे दौड़े, धर्मसिंह भी बेड़ी उठाकर 'भाइयो, भाइयो' कहता हुआ ऐसा भागा कि झट सिपाहियों से जा मिला, मराठे डरकर भाग गए।

राजपूत पूछने लगे कि तुम कौन हो और कहां से आये हो, परन्तु धर्मसिंह घबराया हुआ 'भाइयो, भाइयो' पुकारता चला जाता था। निकट आने पर सिपाहियों ने उसे पहचान लिया। धर्मसिंह सारा वृत्तान्त कहकर बोला–भाइयो, इस तरह मैं घर गया और विवाह किया। विधाता की यही लीला थी।

एक महीना पीछे पांच हजार मुद्रा देकर चरनसिंह छूटकर किले में आया। वह उस समय अधमुए के समान हो रहा था।

13

दयामय की दया

किसी समय एक मनुष्य ऐसा पापी था कि अपने 70 वर्ष के जीवन में उसने एक भी अच्छा काम नहीं किया था। नित्य पाप करता था, लेकिन मरते समय उसके मन में ग्लानि हुई और रो-रोकर कहने लगा-

हे भगवान! मुझ पापी का बेड़ा पार कैसे होगा? आप भक्त-वत्सल, कृपा और दया के समुद्र हो, क्या मुझ जैसे पापी को क्षमा न करोगे?

इस पश्चात्ताप का यह फल हुआ कि वह नरक में गया, स्वर्ग के द्वार पर पहुँचा दिया गया। उसने कुंडी खड़खड़ाई। भीतर से आवाज आई-स्वर्ग के द्वार पर कौन खड़ा है? चित्रगुप्त, इसने क्या-क्या कर्म किए हैं?

चित्रगुप्त-महाराज, यह बड़ा पापी है। जन्म से लेकर मरण-पर्यंत इसने एक भी शुभ कर्म नहीं किया।

भीतर से-जाओ, पापियों को स्वर्ग में आने की आज्ञा नहीं हो सकती।

मनुष्य-महाशय, आप कौन हैं?

भीतर-योगेश्वर।

मनुष्य-योगेश्वर, मुझ पर दया कीजिए और जीव की अज्ञानता पर

विचार कीजिए। आप ही अपने मन में सोचिए कि किस कठिनाई से आपने मोक्ष पद प्राप्त किया है। माया-मोह से रहित होकर मन को शुद्ध करना क्या कुछ खेल है? निस्संदेह मैं पापी हूं, परंतु परमात्मा दयालु हैं, मुझे क्षमा करेंगे।

भीतर की आवाज बंद हो गई। मनुष्य ने फिर कुंडी खटखटाई।

भीतर से-जाओ, तुम्हारे सरीखे पापियों के लिए स्वर्ग नहीं बना है।

मनुष्य-महाराज, आप कौन हैं?

भीतर से-बुद्ध।

मनुष्य-महाराज, केवल दया के कारण आप अवतार कहलाए। राज-पाट, धन-दौलत सब पर लात मार कर प्राणिमात्र का दुख निवारण करने के हेतु आपने वैराग्य धारण किया, आपके प्रेममय उपदेश ने संसार को दयामय बना दिया। मैंने माना कि मैं पापी हूँ, परन्तु अंत समय प्रेम का उत्पन्न होना निष्फल नहीं हो सकता।

बुद्ध महाराज मौन हो गए।

पापी ने फिर द्वार हिलाया।

भीतर से-कौन है?

चित्रगुप्त-स्वामी, यह बड़ा दुष्ट है।

भीतर से-जाओ, भीतर आने की आज्ञा नहीं।

पापी-महाराज, आपका नाम?

भीतर से-कृष्ण।

पापी-(अति प्रसन्नता से) अहा हा! अब मेरे भीतर चले जाने में कोई संदेह नहीं। आप स्वयं प्रेम की मूर्ति हैं, प्रेम-वश होकर आप क्या नाच-नाचे हैं, अपनी कीर्ति को विचारिए, आप तो सदैव प्रेम के वशीभूत रहते हैं।

आप ही का उपदेश तो है—हरि को भजे सो हरि का होई, अब मुझे कोई चिंता नहीं।

स्वर्ग का द्वार खुल गया और पापी भीतर चला गया।

14

पांच, हाजी मुराद

भोर के समय, जब अभी अंधेरा ही था, पोल्तोरत्स्की की कमान में कुल्हाड़ियों से लैस दो कम्पनियों ने कतारबद्ध संतरियों के पहरे में शगीर गेट के बाहर पाँच मील जाने के लिए प्रस्थान किया। उन्होंने प्रकाश होते ही जंगल काटना प्रारंभ कर दिया। आठ बजे के लगभग कोहरा, जिसमें सीत्कारती और चिटखकर जलती आद्र टहनियों का सुगन्धित धुआँ मिश्रित हो गया था, छंटने लगा था। लकड़ी काटने वाले जो पहले पाँच गज तक भी नहीं देख सकते थे और एक दूसरे को कोहरे में केवल सुन ही पा रहे थे, अब उन्हें आग और पेड़ों से ढके जंगल का रास्ता साफ दिखाई देने लग था। कोहरे में सूर्य एक चमकदार बिन्दु की भाँति रुक-रुककर प्रकट हो रहा था और छुप रहा था। जंगल के एक खुले स्थान में सड़क से कुछ दूर कुछ लोगों का एक दल ड्रमों पर बैठा हुआ था। उनमें पोल्तोरत्स्की और उसका अधीनस्थ तिखोनोव, तीसरी कम्पनी के दो अफसर और द्वन्द्व युद्धाभ्यास के दौरान किसी त्रुटि के कारण कार्यमुक्त हो चुका गारद रेजीमेण्ट का एक पूर्व सैनिक, संचार कोर में पोल्तोरत्स्की का पुराना साथी बैरन फ्रेशर था। सैण्डविच की लपेटन,

सिगरेट के टुकड़े और खाली बोतलें उनके चारों ओर छितराये हुए थे। उन्होंने वोदका और स्नैक ली थी और 'स्टाउट' (एक प्रकार की काली बियर) पी रहे थे। ढोल बजाने वाला तीसरी बोतल खोल रहा था। पोल्तोरत्स्की, यद्यपि कम सोया था, पर प्रसन्न और चिन्तामुक्त मनःस्थिति में था, जैसा कि सदैव अपने आसपास खतरा होने पर वह अपने सैनिकों और साथियों के बीच हुआ करता था।

अधिकारी उन दिनों चर्चा का विषय बने हुए जनरल स्लेप्स्तोव की मृत्यु पर उत्तेजनापूर्ण वार्तालाप कर रहे थे। उस मृत्यु में स्लेप्स्तोव के जीवनकाल के महत्वपूर्ण क्षणों, उसके अंत और उसकी मृत्यु के कारणों पर किसी ने विचार नहीं किया। उन्होंने सिर्फ एक साहसी अफसर की वीरता पर चर्चा की, जिसने अपनी तलवार से कबाइलियों पर आक्रमण किया था और निर्भीकतापूर्वक उन्हें काट गिराया था।

यद्यपि सभी अधिकारी, विशेषरूप से जिन्हें व्यावहारिक अनुभव था यह जानते थे कि न तो काकेशस में और न हीं कहीं अन्यत्र आमने-सामने तलवारों से युद्ध होता है जैसा कि प्रायः कल्पना की जाती थी और बताया जाता था (अगर ऐसा हुआ भी तो वह भागने वाले के साथ ही होता था जिसे या तो तलवार से काट दिया जाता था या संगीन से घायल कर दिया जाता था)। आपने-सामने लड़ने की कहानी को जो अफसर स्वीकार करते थे वे शांत गर्व और प्रसन्नता से प्रेरित होकर, ड्रमों पर बैठकर कुछ दिलेरी से, शेष संकोच से तम्बाकू पीते, शराब पीते और मजाक करते हुए उसकी चर्चा किया करते थे। वे मृत्यु की किंचित भी चिन्ता न करते थे, जो उन्हें किसी भी क्षण घेर सकती थी, जैसा कि स्लेप्स्तोव को आ घेरा था और सचमुच, वार्तालाप में जिस समय वे अपनी अपेक्षा को प्रमाणित करने वाले थे, उस समय राइफल की गोली की एक तीव्र आवाज से उनकी बातचीत बाधित हुई जो सड़क के बायीं ओर तेज कड़क के साथ पुनः सुनाई दी थी। गोली सनसनाती हुई कोहरा मिश्रित हवा को चीरती हुई तेज आवाज के साथ एक पेड़ में जा लगी थी। सैनिकों की राइफलों से भी तेज आवाज करती अनेकों गोलियों ने शत्रु की गोलीबारी का उत्तर दिया था।

'ओह' पोल्तोरत्स्की प्रसन्नतापूर्वक चिल्लाया, ''वह सीमा की ओर से आयी थी। क्या वह उधर से नहीं आयी थी? कोस्त्या, तुम्हारा भाग्य" उसने फ्रेशर से कहा, "तुम अपनी कम्पनी में चले जाओ। एक मिनट में हम एक शानदार युद्ध लड़ेंगे। हम एक सैन्य-प्रदर्शन प्रस्तुत करेगें।"

बरखास्त बैरन उछलकर खड़ा हुआ और धुंए में तेजी से अपनी कम्पनी की ओर बढ़ा। पोल्तोरत्स्की अपना छोटा चित्तकबरा घोड़ा ले आया, उस पर सवार हुआ, अपनी कम्पनी में पहुंचा और गोली चलने की दिशा में सीमा की ओर उसका नेतृत्व किया। सीमा रेखा जंगल के किनारे हल्के ढलान वाली छोटी घाटी के सामने थी। हवा जंगल की ओर बह रही थी और न केवल घाटी की ढलान बल्कि उससे बहुत दूर तक साफ दिखाई दे रहा था।

पोल्तोरत्स्की जब सीमा के निकट पहुंचा, सूर्य कोहरे के बाहर झांकता दिखाई पड़ा। घाटी से दूर, विरल जंगल में वह पुनः प्रकट हुआ। वहाँ से एक फर्लांग की दूरी पर उसने अनेक घुड़सवारों को देखा। वे चेचेन थे जो हाजी मुराद का पीछा करते हुए वहाँ तक आ पहुंचे थे और अब रूसी सेना के समक्ष उसको आत्म-समर्पण करते देखना चाहते थे। उनमें से एक ने सीमा रेखा की ओर फायर किया था। सैनिकों ने उसका प्रत्युत्तर दिया था। चेचेन रुक गये थे और फायरिंग बंद हो गयी थी। पोल्तोरत्स्की अपनी कम्पनी के पास पहुँचा और उसने फायर शुरू करने का आदेश दिया और जैसे ही आदेश दिया गया एक साथ सैनिकों की गोलियाँ कोहरे को भेदती रमणीय शोर करती हुई सनसनाने लगीं। सैनिक इस मनोरंजन का आनंद ले रहे थे। वे उन्मत्त हो रायफलें लोड़कर गोलियों की बौछार-दर-बौछार कर रहे थे। प्रकट रूप से चेचेन बहुत क्रुद्ध दिखे। सैनिकों पर लगातार गोलियाँ दागते हुए वे सरपट दौड़ रहे थे। उनकी गोली से एक सैनिक घायल हो गया। यह सैनिक वही आवदेयेव था, जो रात में पहरेदारी कर रहा था। जब उसके साथी उसके निकट पहुँचे, वह दोनों हाथों से अपने पेट का घाव पकड़े मुँह के बल लेटा हुआ था। वह लगातार कांप रहा था और धीमे स्वर में कराह रहा था।

"मैं अभी अपनी राइफल लोड़ कर ही रहा था कि मैनें एक धमाका सुना," उसके पास खड़ा सैनिक बोला, "मैनें मुड़कर देखा और इनके हाथ से रायफल गिर गयी थी।"

आवदेयेव पोल्तोरत्स्की की कम्पनी में था। सैनिकों के एक समूह को एकत्रित देखकर पोल्तोरत्स्की वहाँ आ गया।

"क्यों, तुम्हे चोट लगी है? कहाँ?" वह बोला।

आवदेयेव ने उत्तर नहीं दिया।

"सर, मैं अभी अपनी राइफल लोड कर ही रहा था,, "सैनिक ने कहा जो उसके पास खड़ा था," कि मैनें एक धमाका सुना। मैनें मुड़कर देखा और इनके हाथ से रायफल गिर गयी थी।"

ध्र"पोल्तोरत्स्की ने अपनी जीभ टटकारी।" अच्छा, आवदेयेव, क्या दर्द अधिक हो रहा है?

"सर, अधिक चोट नहीं है, लेकिन मैं चल नहीं सकता। सर, मुझे ड्रिंक करना अच्छा लगेगा।"

उन्हें थोड़ी-सी वोदका मिली जो सैनिकों ने काकेशस में पी थी। पानोव ने निष्ठुरता से त्योरियाँ चढ़ाते हुए आवदेयेव को ढक्कनभर शराब दी। आवदेयेव ने एक घूंट ली, लेकिन तुरंत ढक्कन दूर हटा दिया।

"इसे गिराओगे नहीं," उसने कहा, "तुम इसे स्वयं पी लो।"

पानोव ने वोदका समाप्त कर दी। आवदेयेव ने उठने का प्रयास किया और एक बार फिर ढह गिरा। वे एक ओवरकोट ले आए और उसे उसके ऊपर डाल दिया।

"सर, कर्नल साहब आ रहे हैं।" सार्जेंट मेजर ने पोल्तोरत्स्की से कहा।

''बहुत अच्छा, उनके लिए तैयार हो जाओ," पोल्तोरत्स्की बोला और अपना चाबुक फटकारा। वह वोरोन्त्सोव से मिलने के लिए तेजी से चल पड़ा।

वोरोन्त्सोव एक अंग्रेजी नस्ल के पांगर स्टैलियन पर सवार था। एक कज्जाक रेजीमेण्टल एड्जूटेण्ट और एक चेचेन दुभाषिया उसके साथ थे।

"यहाँ क्या घटित हुआ?" उसने पोल्तोरत्स्की से पूछा।

"उनका एक दल निकलकर एकदम बाहर आया और उसने हरावल पर आक्रमण कर दिया।"

"हूँ, मैं समझता हूँ कि यह सब तुमने प्रारंभ किया !"

"नहीं, मैनें नहीं, प्रिन्स," पोल्तोरत्स्की मुस्कराता हुआ बोला, "वे ही हम पर चढ़ आये थे।"

"मैनें सुना, यहाँ कोई व्यक्ति घायल हुआ है?"

"हाँ, यह खेदजनक है। वह एक अच्छा सैनिक है।"

"गंभीररूप से?"

"मैं ऐसा ही सोचता हूँ, पेट में"

"और आप जानते हैं मैं कहाँ जा रहा हूँ?" वोरोन्त्सोव ने पूछा।

"नहीं।"

"सच, तुम अनुमान नहीं लगा सकते?"

"नहीं।"

"हाजी मुराद आया है और हमसे लगभग मिलने ही वाला है।"

"असम्भव।"

"कल उसका एक प्रतिनिधि आया था," वोरोन्त्सोव संतोषजनक मुस्कान को दबाने का भरसक प्रयत्न करता हुआ बोला, "वह इस समय शालिया के जंगल में हमारी प्रतीक्षा कर रहा होगा, इसलिए अपने रायफलधारियों को जंगल में तैनात करो और मुझे रिपोर्ट दो।"

"जी, सर।" सैल्यूट मारते हुए पोल्तोरत्स्की बोला और अपनी कम्पनी की ओर चला गया। उसने अपने दाहिनी ओर सैनिकों को पंक्तिबद्ध किया और सार्जेंट मेजर को बायीं ओर पंक्तिबद्ध करने का आदेश दिया। इसी बीच सैनिक घायल आवदेयेव को छावनी वापस ले गये।

पोल्तोरत्स्की वारोन्त्सोव के पास वापस जाते हुए अभी रास्ते में ही था कि उसे पीछे की ओर से आते हुए कुछ घुड़सवारों की झलक दिखाई दी। वह रुक गया और उनकी प्रतीक्षा करने लगा।

आगे, सफेद ट्यूनिक, फर का टोप और पगड़ी पहने हुए, स्वर्ण जटित रायफल लिए प्रभावशली व्यक्तित्ववाला एक व्यक्ति, सफेद घोड़े

पर सवार था। यह हाजी मुराद था। वह पोल्तोरत्स्की के पास आया और तातारी में उससे कुछ कहा। पोल्तोरत्स्की ने त्योरियाँ चढ़ाईं, कुछ न समझ पाने का भाव प्रदर्शित करते हुए अपनी बाहें फैलायीं और मुस्कराया। हाजी मुराद भी उत्तर में इस ढंग से मुस्कराया कि पोल्तोरत्स्की को उसकी मुस्कराहट में एक बच्चे जैसी निर्दोषता दिखी। पोल्तोरत्स्की को किंचित भी यह आशा न थी कि पहाड़ों का यह पुनर्संदिग्ध व्यक्ति ऐसा होगा। उसने उसकी एक निर्दय, रूखे और भयावह व्यक्ति के रूप में कल्पना की थी और यहाँ एक अति सरल व्यक्ति उपस्थित था जो इस प्रकार से मुस्करा रहा था मानो वह पुराना मित्र था। उसमें केवल एक ही विशिष्टता थी, वह थी उसकी बड़ी-बड़ी आँखें जो दूसरे लोगों की आँखों में सतर्क, बेधक और शांतभाव से दखती थीं।

हाजी मुराद अपने साथ चार लोगों को लेकर आया था। उनमें से एक खान महोमा था, जो पिछली रात वोरोन्त्सोव से मिला था। वह गुलाबी गोल चेहरे वाला व्यक्ति था। उसकी खुली आंखें काली और चमकदार थीं और चेहरे पर मुस्कराहट और प्रसन्नता का भाव था। दूसरा, स्थूल, सांवला, घनी भौहों वाला व्यक्ति था। वह हनेफी था, एक तवलियन, जो हाजी मुराद का प्रबंधक था। वह सामग्री से भरे पिट्ठू बैग लादे घोड़े पर चल रहा था। दल के दो लोग विशेषरूप से बाहर रुके हुए थे। उनमें से एक पतली कमर, चौड़े कंधे, सुन्दर दाढ़ी, बड़ी और खुली आँखों वाला खूबसूरत नौजवान एल्दार था। दूसरा व्यक्ति एक आँख से काना, बिना भौहों या बरौनियों वाला, लाल दाढ़ी और नाक के आर-पार चेहरे तक फैले घाव के निशान वाला व्यक्ति था। वह चेचेन हमजालो था।

पोल्तोरत्स्की ने हाजी मुराद से वोरोन्त्सोव की ओर इशारा किया जो सड़क पर दिखाई दिया था। हाजी मुराद उसके निकट पहुंचा और अपना दाहिना हाथ अपने सीने पर रखकर तातारी में कुछ कहा और रुक गया। चेचेन दुभाषिये ने उसके शब्दों का अनुवाद किया।

"मैनें स्वयं को जार के समक्ष आत्म-समर्पित कर दिया है," वह कहता है "मैं चाहता हूँ," वह कहता है, ''उनकी सेवा करूं। मैं बहुत पहले से ऐसा करना चाहता था। लेकिन शमील ने मुझे छोड़ा ही नहीं।"

दुभाषिये को सुनने के बाद वोरोन्त्सोव ने हिरण की खाल वाले दस्ताने में से अपना हाथ बाहर निकाल हाजी मुराद की ओर बढ़ाया। हाजी मुराद ने हाथ की ओर देखा और एक सेकेण्ड के लिए संकुचित हुआ, लेकिन फिर दृढ़ता से हाथ मिलाया और पहले दुभाषिये की ओर फिर वोरोन्त्सोव की ओर देखता हुआ पुनः बोला-

"वह कहता है कि वह आपके अतिरिक्त किसी अन्य के समक्ष आत्म-समर्पण नहीं करना चाहता, क्योंकि आप सरदार के पुत्र हैं। वह आपका बहुत आदर करता है।"

वोरोन्त्सोव ने धन्यवाद प्रकट करते हुए सिर हिलाया। हाजी मुराद ने अपने दल की ओर इशारा करते हुए आगे कुछ और कहा।

"वह कहता है कि ये लोग उसके अंगरक्षक हैं और उसी की भाँति रूसियों की सेवा करेंगें।"

वोरोन्त्सोव ने मुड़कर उनकी ओर देखा और उनकी ओर भी सिर हिलाया।

काली और खुली आँखों वाले खान महोमा ने भी सिर हिलाते हुए स्पष्ट रूप से उत्तर में हंसकर कुछ कहा, क्योंकि सांवला अवार मुस्कुराहट में अपने धवल दांतों को चमकने से नहीं रोक पाया। हमजालो ने अपनी एक लाल आँख से क्षणभर के लिए वोरोन्त्सोव की ओर देखा, फिर एक बार और अपने घोड़े के कानों पर अपनी दृष्टि स्थिर कर एकटक देखने लगा।

जब वोरोन्त्सोव और हाजी मुराद, अपने दल के साथ छावनी की ओर वापस गये, सैनिक पंक्ति से बाहर आ घेरा बना खड़े हो गये और अपने-अपने अनुमान लगाने लगे।

"इस शैतान ने कितने लोगों की हत्याएं की और देखो, वे उसके साथ लार्ड जैसा व्यवहार करने जा रहे हैं।"

"देखो, अल्पकाल में ही वह शैम्मूल का शीर्ष कमाण्डर बन गया था। जरा अब उसे देखो।"

"स्वागतम, यह तुम्हारे सोचने का अपना ढंग है, लेकिन वह एक 'हीरो' एक 'भद्रव्यक्ति' है।"

"उस लाल बालों वाले और भेंगीं आँखों वाले शैतान को तो देखों।

"सुअर होगा।"

वे विशेषरूप से लाल बालों वाले व्यक्ति पर ध्यान केन्द्रित कर रहे थे।

जहाँ जंगल की कटाई प्रगति पर थी, सैनिक हाजी मुराद को एक नजर देखने के लिए दौड़कर सड़क के निकट तक आ गये थे। एक अधिकारी उन पर चीखा, लेकिन वोरोन्त्सोव ने उसे रोक दिया।

"उन्हें अपने पुराने साथी को देख लेने दो। तुम जानते हो यह कौन है?" वोरोन्त्सोव ने अंग्रेजी लहजे में धीरे से शब्द उच्चारित करते हुए बिल्कुल पास वाले सैनिकों से पूछा।

"नहीं हुजूर, हमें कोई जानकारी नहीं है।"

"हाजी मुराद, तुम लोगों ने उसके विषय में सुना है?"

"हाँ, हुजूर, हमने उसे अनेकों बार हराया था।"

"उसके साथ एक छोटा दल भी आया है।"

"बहुत अच्छा, हुजूर," सैनिक ने उत्तर दिया। वह इस बात से प्रसन्न था कि अपने प्रधान से बात करने में वह सफल रहा था।

हाजी मुराद ने अनुमान लगाया कि वे उसके विषय में ही बातें कर रहे थे और एक हल्की मुस्कान उसकी आँखों में चमक गयी थी। वोरोन्त्सोव हृदय में अच्छा भाव लिए छावनी वापस लौट आया था।

15

झूठी दुनिया और पाखंडी लोग

"जीवन का वास्तविक सौंदर्य केवल सत्य के प्रकाश में ही देखा जा सकता है।"

वार एंड पीस और एना करेनिना जैसे उपन्यासों के रचयिता महान रूसी लेखक लियो टॉलस्टॉय की ईश्वर में अनन्य श्रद्धा थी। वे अक्सर प्रातः काल की प्रार्थना के लिये चर्च जाया करते थे। एक दिन वह यह सोचकर कुछ जल्दी चर्च के लिये निकल गये कि आज शांत वातावरण में अच्छी तरह से प्रार्थना कर सकूँगा। वहाँ पहुँचने पर टॉलस्टॉय आश्चर्यचकित रह गये।

क्योंकि एक व्यक्ति जो उनसे भी पहले आया हुआ था, आँखें बंद करके प्रार्थना कर रहा था, "हे भगवान! मुझ पापी को क्षमा करिये, मैंने अपने जीवन में इतने ज्यादा पाप किये हैं कि उन्हें कहने में भी मुझे लज्जा आ रही है, लेकिन आप सब जानते हैं।" जब टॉलस्टॉय ने उस

व्यक्ति की प्रार्थना सुनी तो वे सोचने लगे कि यह व्यक्ति वास्तव में कितना महान है।

जो सच्चे हृदय से परमात्मा के सामने अपने अपराधों को स्वीकार करते हुए उनके लिये पश्चाताप कर रहा है। आज यदि किसी व्यक्ति को कुछ कह दिया जाय तो वह गुस्से में मारने को दौड़ता है और एक यह इंसान है जो अपने आप को ही अपराधी मान रहा है। जब टॉलस्टॉय उस व्यक्ति को देखने की इच्छा से उसके पास गये तो वह उसे पहचान गये।

वह उसी नगर का एक धनी और प्रसिद्ध व्यक्ति था। जैसे ही उसने प्रार्थना समाप्त करके अपनी आँखे खोली तो उसने टॉलस्टॉय को खड़े देखा। उन्हें देखते ही वह घबराकर कहने लगा, "महाशय कहीं आपने मेरी प्रार्थना तो नहीं सुन ली है। टॉलस्टॉय ने सहज ही उत्तर दिया," जी हाँ और आपकी ईश्वरनिष्ठा और सच्चाई देखकर मुझे बड़ी प्रसन्नता हो रही है।

आज तक मैंने किसी भी व्यक्ति को इस तरह से अपने अपराधों को स्वीकार करते नहीं देखा था। उनकी बात सुनकर वह व्यक्ति नाराजगी जाहिर करते हुए टॉलस्टॉय से बोला, "वह बातें सिर्फ मेरे और परमेश्वर के बीच की थीं। मेरी उन्हें किसी अन्य व्यक्ति को सुनाने की इच्छा नहीं थी। अब जब तुमने वे बातें सुन ही लीं है तो उन्हें किसी दूसरे से बिल्कुल मत कहना, वरना यह तुम्हारे लिये कतई अच्छा नहीं होगा।"

उसकी बातें सुनकार टॉलस्टॉय हक्के-बक्के रह गये। उन्होंने उस आदमी से कहा, "पर अभी-अभी तो आप कह रहे थे कि आपने इतने अधिक पाप किये हैं।" उनकी बात के समाप्त होने के पहले ही उस व्यक्ति ने कहा "हाँ, लेकिन वे बातें मैंने सिर्फ भगवान को बताने के लिये कहीं थीं, दुनियावालों के लिये नहीं।" इतना कहकर वह आदमी चला गया।

टॉलस्टॉय उसकी बातें सुनकर स्तब्ध रह गये। वे सोचने लगे यह दुनिया भी कितनी विचित्र है। जहाँ इंसान दूसरे लोगों से तो डरता है, लेकिन भगवान से नहीं। लोग ईश्वर को भी बस एक ऐसी सत्ता समझते

हैं जो थोड़ी सी चापलूसी से खुश होकर उनके हर अपराध को क्षमा कर देगा। पर वे यह नहीं जानते है कि जो दुनिया के सामने अपनी सच्चाई नहीं प्रकट कर सकता, वह भगवान के सामने कैसे सच्चा बन पायेगा।

"हर कोई सच के बारे में बात करता है, लेकिन कुछ ही इस पर अटल रहते हैं।"

16

गुठली

माँ ने आलूबुखारे खरीदे। सोचा, बच्चों को खाने के बाद दूँगी। आलूबुखारे मेज पर तश्तरी में रखे थे। वान्या ने आलूबुखारे कभी नहीं खाए थे। उसका मन उन्हें देखकर मचल गया। जब कमरे में कोई न था, वह अपने को रोक न सका और एक आलूबुखारा उठाकर खा लिया।

खाने के समय माँ ने देखा कि तश्तरी में एक आलूबुखारा कम है। उसने बच्चों के पिता को इस बारे में बताया।

खाते समय पिता ने पूछा, ''बच्चो, तुममें से किसी ने इनमें एक आलूबुखारा तो नहीं लिया?''

सबने एक स्वर में जवाब दिया,''नहीं।''

वान्या का मुँह लाल हो गया, किन्तु फिर भी वह बोला, ''नहीं, मैंने तो नहीं खाया।''

इस पर बच्चों के पिता बोले, ''यदि तुममें से किसी ने आलूबुखारा खाया तो ठीक है, पर एक बात है। मुझे डर है कि तुम्हें आलूबुखारा

खाना नहीं आता, आलूबुखारे में एक गुठली होती है। अगर वह गलती से कोई निगल ले तो एक दिन बाद मर जाता है।''

वान्या डर से सफेद पड़ गया। बोला, ''नहीं, मैंने तो गुठली खिड़की के बाहर फेंक दी थी।'' सब एक साथ हँस पड़े और वान्या रोने लगा।

17

बोझ

कुछ फौजियों ने दुश्मन के इलाके पर हमला किया तो एक किसान भागा हुआ खेत में अपने घोड़े के पास गया और उसे पकड़ने की कोशिश करने लगा, पर घोड़ा था कि उसके काबू में ही नहीं आ रहा था।

किसान ने उससे कहा, 'मूर्ख कहीं के, अगर तुम मेरे हाथ न आए तो दुश्मन के हाथ पड़ जाओगे।'

'दुश्मन मेरा क्या करेगा?' घोड़ा बोला।

'वह तुम पर बोझ लादेगा और क्या करेगा।'

'तो क्या मैं तुम्हारा बोझ नहीं उठाता?' घोड़े ने कहा, मुझे क्या फर्क पड़ता है कि मैं किसका बोझ उठाता हूँ।'

18

तकरार

राह से गुजरते दो मुसाफिरों को एक किताब पड़ी दिखाई दी। किताब देखते ही दोनों इस बात पर तकरार करने लगे कि किताब कौन लेगा।

ऐन इसी वक्त एक और राहगीर वहाँ आ पहुँचा। उसने दोनों को इस हालत में देखकर कहा, 'भाई, यह बताओ, तुम दोनों में पढ़ना कौन जानता है?'

'पढ़ना तो किसी को नहीं आता।' दोनों ने एक साथ जवाब दिया।

'फिर तुम इस किताब के लिए तकरार क्यों कर रहे हो...। तुम्हारी लड़ाई तो ठीक उन गंजों जैसी है जो कंघी हथियाने के लिए पुरजोर कोशिश में लगे हैं।.. जबकि कंघी फिराने के लिए उनके सिर पर बाल एक भी नहीं है।'

19

अंधे की लालटेन

अँधेरी रात में एक अंधा सड़क पर जा रहा था। उसके हाथ में एक लालटेन थी और सिर पर एक मिट्टी का घड़ा। किसी रास्ता चलने वाले ने उससे पूछा, 'अरे मूर्ख, तेरे लिए क्या दिन और क्या रात। दोनों एक से हैं। फिर, यह लालटेन तुझे किसलिए चाहिए?'

अंधे ने उसे उत्तर दिया, 'यह लालटेन मेरे लिए नहीं, तेरे लिए जरूरी है कि रात के अँधेरे में मुझसे टकरा कर कहीं तू मेरा मिट्टी का यह घड़ा न गिरा दे।

20

आप का नजरिया ही आपका भविष्य तय करता है

पहला भाग

एक किसान के तीन बेटे थे। तीनो ही पढ़ाई में औसत थे। क्लास में तीनो के नम्बर ही बराबर से आते थे। उनके पिता जी उन्हें बहुत समझाते अपनी गरीबी व लाचारी का हवाला देते। उन्हें आगे बढ़ने का सपना दिखाते, अमीरी व कामयाबी के फायदे बताते।

इससे छोटे बेटे पर कोई असर नहीं पड़ता था। उसके नम्बर कम है पिताजी को दुःख होता है ! या उसके पिताजी क्या चाहते हैं? वो इस बारे कुछ भी नहीं सोचता था और जब भी उसके पिताजी कुछ कहते तो वह अनसुना करके घर से बाहर घूमने निकल जाता।

बीच वाला बेटा सुनता! थोड़ी देर दुखी होता! और फिर कुछ देर पढ़ता! लेकिन मन लगा कर नहीं पढ़ता। सोचता कि मेरी किस्मत में पढ़ लिख कर आगे बढ़ना ही नहीं लिखा है। मैं कितनी भी मेहनत करूँ मेरे नम्बर कभी अच्छे नहीं आ सकते। ये सोच कर मेहनत करनी ही छोड़ दी।

बड़ा बेटा औसत बुद्धि का था। फिर भी हर बात ध्यान से सुनता और यही सोचता की मैं एक दिन कामयाब होऊँगा। अपने पिताजी का सहारा बनुगां। फिर हमारे घर में कोई परेशानी ही नहीं रहेगी। मैं कामयाब होकर गरीबी से अपने पिताजी का पीछा छुड़ा दूँगा।

बीच वाला बेटा 10 वी क्लास से ही, पढ़ाई छोड़कर, किसी फैक्ट्री में काम करने लगा और जो उसके खर्चे से बचते वो अपने घर में देने लगा।

छोटा बेटा ग्रेजुएशन करके जॉब ढूढ़ने लगा। लेकिन उसे बहुत ही थोड़ी सैलरी की जॉब मिली। इससे उसने सोचा की इतने पैसो से कुछ नहीं होना। इससे तो में खेती ही कर लेता हूं मेरा गुजारा तो खेती से ही हो जायेगा। ये सोच कर खेती करने लगा।

बड़े बेटे को अपने भाईयो के डिसिजन को देखकर बड़ा दुःख होता। लेकिन अपने भाइयो को समझा नहीं पाया। उसके मन में एक बात थी की मुझे आगे बढ़ना है। ये सोच कर उसने खूब मेहनत की और आखिर उसकी मेहनत रंग लाई और वह इंजीनियर बन गया।

बड़े बेटे ने अपने सारे फर्ज बाखुबी निभाए और हर परस्थिति से लड़ कर कामयाबी पाई। एक ऐसा बेटा, भाई, पति व बाप बना जैसा की समाज चाहता है।

दोस्तों दुनिया में तीन तरह के लोग होते हैं ....

कुछ ऐसे लोग होते हैं जिन पर सफलता या असफलता का कोई असर ही नहीं पड़ता बस अपनी जिदगी में मस्त रहते हैं। कुछ उनके पास है या नहीं है उनपर कोई फर्क नहीं पड़ता। जो है उसी में खुश रहते हैं।

कुछ इस तरह के इंसान होते है, जिनके सपने तो बड़े-बड़े होते हैं लेकिन असफलता को अपनी किस्मत मानकर हार जाते है और बहते पानी में एक लकड़ी के टुकड़े की तरह अपने आपको छोड़ देते हैं की जिंदगी जहाँ ले जाएगी वही ठीक है।

कुछ ऐसे होते जो जिंदगी को अपने मुताबिक मोड़ कर ही दम लेते हैं। वो ना समाज के चलाये चलते हैं और ना ही जिदगी के चलाए चलते हैं। वो अपना भविष्य खुद चुनते हैं और तब तक हार नहीं मानते जब तक उन्हें मंजिल नहीं मिल जाती। इन्ही लोगो को सक्सेस या कामयाब या जनूनी कहते हैं।

दोस्तों ये हकीकत पर आधारित कहानी है अब आप सोचो की आप इन तीनो में से किस के जैसे हो? और किस के जैसे होना चाहते हो? ये बात मन में अच्छी तरह बिठा लो की भविष्य इंसान खुद चुनता है और उसे बनाने और बिगाड़ने में मदद करता हैं आपका नजरिया।

आपका नजरिया आपको कौन सी राह दिखा रहा है? नेगेटिव या पोजेटिव अगर आपकी बुद्धि पॉजिटिव की ओर जाता है तो आप तब तक लगे रहोगे जब तक सफल ना हो जाओ और अगर आपकी बुद्धि नेगेटिव की और जा रही है तो आप योग्य होते हुए कुछ भी नहीं कर सकते।

आपका नजरिया ही आपके लिए वरदान या अभिशाप है। अगर आपका नजरिया वरदान है तो आपके लिए बंद दरवाजे भी खुल जाएंगे। आपकी योग्यता का सम्बंध आपके नजरिया से है। ना की किसी तरह की समस्या या सहूलियत से।

जब तक आपके मन में नेगेटिव थॉट चलते रहगे, तब तक आप कुछ भी करने की हिम्मत नहीं जुटा सकते। इसलिए सबसे पहले अपने विचारो पर ध्यान दो अगर आपके अंदर नेगेटिव थोट चल रहे है तो आप तुरंत बदल दो। जेम्स एलेन ने अपनी पुस्तक में लिखा है–

"अच्छे विचारो के सकरात्मक और स्वस्थप्रद और बुरे विचारों का बुरा फल आपको भुगतने पड़ेगे"

किस्मत का रोना असफल लोग रोते हैं जबकि असफल होते हैं मेहनत, तैयारी, योजना, दृढ़ इच्छा व दृढ़ संकल्प की कमी की वजह से।

दूसरा भाग

किसी एक आश्रम में महात्मा और उनके दो शिष्य रहतें थे। दोंनो शिष्य महात्मा के कहें अनुसार भगवान् का भजन व पूजन करते थे। आश्रम के सभी कर्यों को भी बहुत लगन से दोंनो ही करते थे।

आश्रम की सफाई, पेड़-पौधों की देख-रेख, पशुओं का रख-रखाव और उनके गुरू महात्मा-जी की सेवा करने कि जिम्मेदारी इन दोंनो शिष्य के जिम्में थी जिसे वे बड़े ही अच्छे ढ़ंग से पूरा किया करते थे।

लेकिन इनमे से एक शिष्य हमेंशा दुःखी रहता और दुसरा हमेशां खुश रहता, जबकि दोंनो की स्थितियाँ और वातावरण एक समान थे। पहला छोटी-छोटी बात पर परेशान हो जाता और दुसरा विपरीत बातों में भी अच्छा खोजकर प्रसन्न हो जाता और खुश रहता। कुछ दिनों बाद महात्मा-जी की मृत्यु हो गई।

दो ही दिनों के अन्तराल से दोंनो शिष्यों की भी मृत्यु हो गई। दैव योग से स्वर्ग लोक में भी तीनों एक ही स्थान पर आ मिलें। लेकिन यहां भी पहला शिष्य अशांत था और दूसरा प्रसन्न। दुःखी शिष्य ने गुरूदेव से पुछा गुरू-जी लोग कहतें हैं ईश्वर भक्ति से स्वर्ग में सुख और आनंद मिलता हैं लेकिन हम तो यहां भी दुःखी के दुःखी ही हैं।

तब महात्मा बोले-वत्स भक्ति से स्वर्ग तो मिल सकता हैं लेकिन 'सुःख और दुःख' तो मन की देन है। मन शुद्ध हों तो नर्क में भी सुःख हैं और यदि मन शुद्ध ना हों तो स्वर्ग में भी दुःख है।

मनः स्थिति को बदलनें की कोशिश की जाए और हर स्थिति में अच्छे पहलू को देखा जाएं तो वह हर जगह सुखद परिणाम दे सकतीं हैं और अगर मन स्थिति से ही अगर तुम नकारात्मक पहलू को ही देखोगे तो जीवन में हमेशा दुःख ही पाओगे। सुख-दुःख तो तुम्हारे नजरिये पर निर्भर करता हैं।

वस्तुत प्रत्येक स्थिति में प्रसन्न रहने वाला प्रतिकुलता में भी अनुकूलता खोज लेता है और दुःख व निराशा पर विजय प्राप्त कर सदा सुखी बना रहता है। सार यह हैं की हर स्थिति में अच्छे-सुखद पहलू को देखो और सकारात्मक बने रहो, तो तुम हमेशा खुश रह पाओगे।

और अगर तुमने अपने नजरिये को न बदला तो चाहे तुम्हें कितना ही सुःख और स्वर्ग क्यों न मिल जाएं तुम उसमें भी दुःख खोज ही लोगे इसलिए अपने देखने के ढंग को बदलो और हमेशा सुख देने वाले पहलु को देखो।

21

सूरत का काफी हाउस

दुनिया में अनेक धर्मों और उनके मानने वालों की ईश्वर के बारे में अपनी-अपनी धारणाएं हैं। सबके अपने-अपने भगवान हैं और अपने भगवान को श्रेष्ठ साबित करने की एक होड़ सबमें मची हुई है। पर उस होड़ से परे जाकर क्या हमने कभी सोचा है कि भगवान क्या है? 'वार एंड वीस' और 'अन्ना करेनिना' जैसी महान कृतियों के लेखक लियो टॉल्सटॉय इस बारे में कुछ कह रहे हैं अपनी इस कहानी में। कहानी का घटनास्थल है भारत के सूरत शहर का एक कॉफी हाउस-

सूरत नगर में एक कहवाघर था, जहां अनेकानेक यात्री और विदेशी दुनियाभर से आते थे और विचारों का आदान-प्रदान करते थे। एक दिन वहां फारस का एक विद्वान आया। पूरी जिंदगी 'प्रथम कारण' के बारे में चर्चा करते करते उसका दिमाग ही चल गया था। उसने यह सोचना शुरू कर दिया था कि सृष्टि को नियंत्रण में रखने वाली कोई उच्च सत्ता नहीं है। इस व्यक्ति के साथ एक अफ्रीकी गुलाम भी था, जिससे उसने पूछा- बताओ, क्या तुम्हारे ख्याल में भगवान है? गुलाम ने अपनी कमरबंद में

से किसी देवता की लकड़ी की मूर्ति निकाली और बोला- यही है मेरा भगवान, जिसने जिंदगी भर मेरी रक्षा की है। गुलाम का जवाब सुनकर सभी चकरा गए। उनमें से एक ब्राह्मण था। वह गुलाम की ओर घूमा और बोला- ब्रह्म ही सच्चा भगवान है। एक यहूदी भी वहां बैठा था। उसका दावा था- इस्राइल वासियों का भगवान ही सच्चा भगवान है, वे ही उसकी चुनी हुई प्रजा हैं। एक कैथोलिक ने दावा किया- भगवान तक रोम के कैथोलिक चर्च द्वारा ही पहुंचा जा सकता है। लेकिन तभी एक प्रोटेस्टेंट पादरी जो वहां मौजूद था, बोल उठा- केवल गॉस्पेल के अनुसार प्रभु की सेवा करने वाले प्रोटेस्टेंट ही बचेंगे। कहवाघर में बैठे एक तुर्क ने कहा- सच्चा धर्म मुहम्मद और उमर के अनुयायियों का ही है, अली के अनुयायियों का नहीं। हर कोई दलीलें रख रहा था और चिल्ला रहा था। केवल एक चीनी ही, जो कि कनफ्यूशियस का शिष्य था, कहवाघर के एक कोने में चुपचाप बैठा था और विवाद में हिस्सा नहीं ले रहा था। तब सभी लोग उस चीनी की ओर घूमे और उन्होंने उससे अपने विचार प्रकट करने को कहा।

कनफ्यूशियस के शिष्य उस चीनी ने अपनी आंखें बंद कर लीं और क्षण भर सोचता रहा। तब उसने आंखें खोलीं, अपने वस्त्र की चौड़ी आस्तीनों में से हाथ बाहर निकाले, हाथ को सीने पर बांधा और बड़े शांत स्वर में कहने लगा- मित्रगण, मुझे लगता है, लोगों का अहंकार ही धर्म के मामले में एक-दूसरे से सहमत नहीं होने देता। मैं आपको एक कहानी सुनाना चाहता हूं, जिससे ये बात साफ हो जाएगी।

मैं यहां चीन से एक अंग्रेजी स्टीमर से आया। यह स्टीमर दुनिया की सैर को निकला था। ताजा पानी लेने के लिए हम रुके और सुमात्रा द्वीप के पूर्वी किनारे पर उतरे, दोपहर का वक्त था। हममें से कुछ लोग समंदर के किनारे ही नारियल के कुंजों में जा बैठे। निकट ही एक गांव था। हम सब लोगों की राष्ट्रीयता भिन्न-भिन्न थी।

जब हम बैठे हुए थे, तो एक अंधा आदमी हमारे पास आया। बाद में हमें मालूम हुआ कि सूर्य की ओर लगातार देखते रहने के कारण उसकी आंखें चली गई थीं- वह जानना चाहता था कि सूर्य आखिर है क्या, ताकि वह उसके प्रकाश को पकड़ सके।

यह जानने के लिए ही वह सूर्य की ओर देखता रहा। परिणाम यही हुआ कि सूर्य की रोशनी से उसकी आंखें दुखने लगीं और वह अंधा हो गया।

तब उसने अपने आपसे कहा- सूर्य का प्रकाश द्रव नहीं है, क्योंकि यदि वह द्रव होता, तो इसे एक पात्र से दूसरे पात्र में उड़ेला जा सकता था, तब यह पानी और हवा की तरह चलता। यह आग भी नहीं है, क्योंकि अगर यह आग होता, तो पल भर में बुझ सकता था। यह कोई आत्मा भी नहीं है, क्योंकि आंखें इसे देख सकती हैं। यह कोई पदार्थ भी नहीं है, क्योंकि इसे हिलाया नहीं जा सकता। अतः सूर्य का प्रकाश न द्रव है, न अग्नि है, न आत्मा है और न ही कोई पदार्थ, यह कुछ भी नहीं है।

यही था उसका तर्क। और, हमेशा सूर्य की ओर देखते रहने और उसके बारे में सोचते रहने के कारण वह अपनी आंखें और बुद्धि दोनों ही खो बैठा और जब वह पूरी तरह अंधा हो गया, उसे पूरा विश्वास हो गया कि सूर्य का अस्तित्व ही नहीं है।

इस अंधे आदमी के साथ एक गुलाम भी था, उसने अपने स्वामी को नारियल कुंज में बैठाया और जमीन से एक नारियल उठाकर उसका दीया बनाने लगा। उसने नारियल के रेशों से एक बत्ती बनाई, गोले में से थोड़ा तेल निचोड़कर खोल में डाला और बत्ती को उसमें भिगो लिया।

जब गुलाम अपने काम में मस्त था, अंधे आदमी ने सांस भरी और उससे बोला- तो दास भाई, क्या मेरी बात सही नहीं थी, जब मैंने तुम्हें बताया था कि सूर्य का अस्तित्व ही नहीं है। क्या तुम्हें दिखाई नहीं देता कि अंधेरा कितना गहरा है? और लोग फिर भी कहते हैं कि सूर्य है.... अगर है, तो फिर यह क्या है?

मुझे मालूम नहीं है कि सूर्य क्या है–गुलाम ने कहा- मेरा उससे क्या लेना-देना ! पर मैं यह जानता हूं कि प्रकाश क्या है। यह देखिए, मैंने रात्रि के लिए एक दीया बनाया है, जिसकी मदद से मैं आपको देख सकता हूं।

तब गुलाम ने दिया उठाया और बोला- यह है मेरा सूर्य। लिए पास ही बैठा था, यह सुनकर हंस पड़ा- लगता है तुम सारी उमर नेत्रहीन ही रहे- उसने अंधे आदमी से कहा- और कभी नहीं जान पाए कि सूर्य क्या है। मैं तुम्हें बताता हूं कि यह क्या है। सूर्य आग का गोला है, जो हर रोज समंदर में से निकलता है और शाम के समय हर रोज हमारे ही द्वीप की पहाड़ियों के पीछे छुप जाता है। अगर तुम्हारी नजर होती तो तुमने भी देख लिया होता।

एक मछुआरा जो यह बातचीत सुन रहा था, बोला- बड़ी साफ बात है कि तुम अपने द्वीप से आगे कहीं नहीं गए हो। अगर तुम लंगड़े न होते और अगर तुम भी मेरी तरह नौका में कहीं दूर गए होते, तो तुम्हें पता चलता कि सूर्य हमारे द्वीप की पहाड़ियों के पीछे अस्त नहीं होता। वह जैसे हर रोज समंदर में से उदय होता है, वैसे ही हर रात समंदर में ही डूब जाता है।

तब एक भारतीय, जो हमारी ही पार्टी का था, यों बोल उठा- मुझे हैरानी हो रही है कि एक अक्लमंद आदमी ऐसी बेवकूफी की बातें कर रहा है। आग का कोई गोला पानी में डूबने पर बुझने से कैसे बच सकता है? सूर्य आग का गोला नहीं है। वह तो देव नाम की दैवीय शक्ति है और वह अपने रथ में बैठकर स्वर्ण-पर्वत मेरू के चारों ओर चक्कर लगाता रहता है। कभी-कभी राहु और केतु नाम के राक्षसी नाग उस पर हमला कर देते हैं और उसे निगल जाते हैं, तब पृथ्वी पर अंधकार छा जाता है। तब हमारे पुजारी प्रार्थना करते हैं, ताकि देव का छुटकारा हो सके। तब यह छोड़ दिया जाता है। केवल आप जैसे अज्ञानी ही ऐसा सोच सकते हैं कि सूर्य केवल उनके देश के लिए ही चमकता है।

तब वहां उपस्थित एक मिस्री जहाज का मालिक बोलने लगा- नहीं, तुम भी गलत कह रहे हो। सूर्य दैवीय शक्ति नहीं है और भारत और स्वर्ण-पर्वत के चारों ओर ही नहीं घूमता। मैं कृष्ण सागर पर यात्राएं कर चुका हूं। अरब के तट के साथ-साथ भी गया हूं। मेडा-गास्कर और फिलिपींस तक हो आया हूं। सूर्य पूरी धरती को आलोकित करता है, केवल भारत को ही नहीं, यह केवल एक ही पर्वत के चक्कर नहीं काटता रहता, जबकि दूर पूरब में उगता है—जापान के द्वीपों से भी परे और दूर पश्चिम में डूब जाता है—इंग्लैंड के द्वीपों से भी आगे कहीं, इसलिए जापानी लोग अपने देश को 'निप्पन' यानी 'उगते सूरज का देश' कहते हैं। मुझे अच्छी तरह मालूम है, क्योंकि मैंने काफी दुनिया देखी है।

वह बोलता चला गया होता अगर हमारे जहाज के अंग्रेज मल्लाह ने उसे रोक न दिया होता। वह कहने लगा- दुनिया में और कोई ऐसा देश नहीं है, जहां के लोग सूर्य की गतिविधियों के बारे में इतना जानते हैं, जितना इंग्लैंड के लोग। इंग्लैंड में हर कोई जानता है कि सूर्य न तो कहीं उदय होता है, न ही अस्त। वह हर समय पृथ्वी के चारों ओर चक्कर लगाता रहता है। यह सही बात है, क्योंकि जहां कहीं भी हम गए, सुबह सूर्य निकलता और रात को डूबता दिखाई दिया- यहां की ही तरह।

तब एक अंग्रेज ने एक छड़ी ली और रेत पर वृत्त खींचकर समझाने का प्रयास किया कि कैसे सूर्य आसमान में चलता रहता है और पृथ्वी का चक्कर लगाता रहता है। पर वह ठीक तरह समझा नहीं पाया और फिर जहाज के चालक की ओर इशारा करते हुए बोला- वह ठीक तरह समझा सकता है।

चालक, जो काफी समझदार था, चुपचाप सुनता रहा था। अब सब लोग उसकी ओर मुड़ गए और वह बोला- आप सब लोग एक-दूसरे को बहका रहे हैं। आप सब धोखे में हैं। सूर्य पृथ्वी के चारों ओर नहीं, पृथ्वी सूर्य के चारों ओर घूमती है और चलते-चलते अपने चारों ओर भी घूमती है और चौबीस घंटों में सूर्य के आगे से पूरी घूम जाती है—केवल जापान,

फिलीपींस, सुमात्रा ही नहीं, अफ्रीका, यूरोप और अमेरिका तथा अन्य प्रदेश भी साथ घूमते हैं, सूर्य किसी एक पर्वत के लिए नहीं चमकता, न किसी एक द्वीप या सागर या केवल हमारी पृथ्वी के लिए ही। यह अन्य ग्रहों के लिए भी चमकता है।

आस्था के मामलों में भी- कनफ्यूशियस के शिष्य चीनी ने कहा- अहंकार ही है, जो लोगों के मन में दुराव पैदा करता है। जो बात सूर्य के संबंध में निकलती है, वही भगवान के मामले में सही है। हर आदमी अपना खुद का एक विशिष्ट भगवान बनाए रखना चाहता है—या ज्यादा से ज्यादा अपने देश के लिए हर राष्ट्र उस शक्ति को उस मंदिर में बंद कर लेना चाहता है।

क्या उस मंदिर से किसी भी अन्य मंदिर की तुलना की जा सकती है, जिसकी रचना भगवान ने खुद सभी धर्मों और आस्थाओं के मानने वालों को एक सूत्र में बांधने के लिए की है?

सभी मानवीय मंदिरों का निर्माण इसी मंदिर के अनुरूप हुआ है, जो कि भगवान की अपनी दुनिया है। हर मंदिर के सिंहद्वार होते हैं, गुंबज होते हैं, दीप होते हैं, मूर्तियां और चित्र होते हैं, भित्ति-लिपियां होती हैं, विधि-विधान-ग्रंथ होते हैं, प्रार्थनाएं होती हैं, वेदियां होती हैं और पुजारी होते हैं। पर कौन सा ऐसा मंदिर है, जिसमें समंदर जैसा फव्वारा है, आकाश जैसा गुंबज है, सूर्य-चंद्र और तारों जैसे दीप हैं और जीते-जागते, प्रेम करते मनुष्यों जैसी मूर्तियां हैं? भगवान द्वारा प्रदत्त खुशियों से बढ़कर उसकी अच्छाईयों के ग्रंथ और कहां हैं, जिन्हें आसानी से पढ़ा और समझा जा सके? मनुष्य के हृदय से बड़ी कौन-सी विधान-पुस्तक है? आत्म-बलिदान से बड़ी बलि क्या है? और अच्छे आदमी के हृदय से बड़ी कौन-सी वेदी है, जिस पर स्वयं भगवान भेंट स्वीकार करते हैं?

जितना ऊंचा आदमी का विचार भगवान के बारे में होगा, उतना ही बेहतर वह उसे समझ सकेगा और जितनी अच्छी तरह वह उसे समझेगा, उतना ही उसके निकट वह होता जाएगा।

इसीलिए जो आदमी सूर्य की रोशनी को पूरे विश्व में फैला देखता है, उसे अंधविश्वासी को दोष नहीं देना चाहिए, न ही उससे घृणा करनी चाहिए कि वह अपनी मूर्ति में उस रोशनी की एक किरण देखता है। उसे नास्तिक से भी नफरत नहीं करनी चाहिए कि वह अंधा है और सूर्य को नहीं देख सकता। ये थे कनफ्यूशियस के शिष्य चीनी विद्वान के शब्द। कहवाघर में बैठे सभी लोग शांत और खामोश थे। फिर वे धर्म को लेकर नहीं झगड़े, न ही उन्होंने विवाद ही किया।

22

युद्ध और शांति

लियो टॉलस्टॉय और उनके उपन्यास 'युद्ध और शांति' को कौन नहीं जानता! उन्नीसवीं सदी के सातवें दशक में यह उपन्यास छपा था।

प्रायः डेढ़ सौ साल बाद भी यह विश्व साहित्य की एक सबसे उत्तम रचना माना जाता है। इसी के आधार पर हमने आपके लिए एक रेडियो-नाटक माला तैयार की है। आज आप इसका पहला भाग सुनेंगे।

इस उपन्यास की घटनाएं उन्नीसवीं सदी के आरम्भ की हैं जब फ्रांस का सम्राट नेपोलियन विश्व-विजेता बनने का अपना सपना पूरा करने निकला था औए यूरोप के सभी देशों को उसने युद्ध में घसीट लिया था। रूस भी इस विभीषिका से अछूता नहीं रहा था।

टॉलस्टॉय इस युद्ध के बारे में लिखते हैं–"क्या हाल था उन माताओं, पत्नियों और बच्चों का जिनके सगे लड़ने जा रहे थे। कैसे विलाप कर रहे थे जानेवाले और पीछे रहने वाले! लगता था मानव जाति यह भूल बैठी है कि हमारे सृजनहार परमेश्वर ने तो हमें प्रेम की शिक्षा दी है, दूसरों को क्षमा करना सिखाया है, लगता था कि इसके बिलकुल विपरीत मनुष्य एक दूसरे की हत्या की कला को ही अपना परम गुण मान बैठा है।"

लियो टॉलस्टॉस के लिए युद्ध का अर्थ रणभूमि में होने वाली टक्कर मात्र ही नहीं है। अपने उपन्यास के पात्रों के साथ वह मानव-अस्तित्व का गूढ़ अर्थ खोजते हैं। इस उपन्यास का एक प्रमुख पात्र है प्रिंस आंद्रेई बोल्कोंस्की-कुलीन घराने का महत्वाकांक्षी नौजवान। उसके जीवन का आदर्श है नेपोलियन-एक मामूली घर में जन्मा अफसर, न कोई ऊंची जात, न पाँत फिर भी अपने साहस के बल पर सम्राट बन गया है। क्या हस्ती है, पूरे-पूरे देशों और जनगण के भाग्य का फैसला कर रहा है—प्रिंस आंद्रेई उस पर विमुग्ध है, मन ही मन ऐसा ही बनने का सपना देखता है और स्वयं सेना में भरती होकर रणभूमि में पहुंच जाता है।... यहां क्या होता है?, इसी का वर्णन आप इस अंश में पाएंगे।

एक ओर रूसी-आस्ट्रियाई सेना है और दूसरी ओर फ्रांसीसी सेना 5 दिसंबर 1805 को ऑस्टरलिट्ज के मैदान में उनके बीच पहला मुकाबला होता है।

निर्णायक मुठभेड़ से पहले की रात को कोहरा छाया हुआ था, कोहरे से छानकर आती चांदनी रहस्यमय लग रही थी।

"बस, कल! कल! मेरा मन कहता है कल मैं सब दिखा दूंगा, क्या कुछ कर सकता हूं मैं।"

उसकी कल्पना में उभरता है रणभूमि का दृश्य-सभी सेनापति असमंजस में फंसे हुए हैं। बस इस क्षण की ही तो उसे कब से प्रतीक्षा थी-आ गया वह सौभाग्यशाली क्षण!

वह दृढ़ स्वर में, स्पष्ट शब्दों में प्रधान सेनापति के सामने अपने विचार रखता है। सभी चकित हैं कि उसकी बातें कितनी सटीक हैं, किंतु कोई भी उन पर अमल करने को तैयार नहीं है। तो फिर वह अकेला ही पूरी डिविजन को हमले में ले जाता है और अकेला ही विजय पाता है।

अगली लड़ाई भी वह अकेला ही जीत लेता है। उसे प्रधान सेनापति का पद सौंपा जाता है।

"फिर आगे?" वह अपने आप से पूछता है और स्वयं ही उत्तर देता है। "मैं नहीं जानता, आगे क्या होगा, न जान सकता हूं, न जानना चाहता

हूं। पर मैं यश पाना चाहता हूं, इसी की खातिर जी रहा हूं। हे परमात्मा! क्या करूं मैं, मुझे बस यश चाहिए! मेरे पिता, बहन, पत्नी-सभी बहुत प्यारे हैं मुझे, किंतु यश के एक पल की खातिर मैं सब कुछ न्योछावर करने को तैयार हूं। कितनी भयानक, कितनी अस्वाभाविक है यह बात, पर यही सच्चाई है, मैं सभी लोगों पर विजय पाना, सबसे ऊपर उठना चाहता हूं!"

... सुबह जब कोहरा छंटने लगा तो अचानक रूसी कमान चौकी से लगभग सवा मील दूर फ्रांसीसी सैनिक नजर आएजनरलों के चेहरे पर हवाइयां उड़ने लगीं।

"क्या? दुश्मन? नहीं-नहीं! देखिए-देखिए! वही है! शायद...क्या है यह सब?" घबराती आवाजें सुनाई दीं।

"बस, आ गया निर्णायक क्षण! यही है मेरा दायित्व!" प्रिंस आंद्रेई ने सोचा और घोड़े को चाबुक मारकर प्रधान सेनापति के पास जा पहुंचा।"रोकना चाहिए इन फ्रांसीसियों को, महामहिम!" वह चिल्लाया।

ऐन उसी क्षण चारों ओर धुंआ फैल गया, पास ही कहीं गोलियां चलीं और भयभीत भोली आवाज में कोई चिल्लायाः "लो भैया, हो गया काम तमाम!" यह आवाज मानो कोई आदेश थी। सब भागने लगे।

लड़ाई के मैदान में भगदड़ मच गई, पैदल, घुड़सवार, तोपची सभी की मिली-जुली भीड़ निरंतर बढ़ती जा रही थी। इस भीड़ को न केवल रोकना असंभव था, खुद अपने को भी इसके साथ भागने से रोक पाना नामुमकिन था। एक बार भीड़ में फंस जाने पर उससे अलग हो पाना मुश्किल था। कोई चिल्ला रहा था। "अबे, चल! क्या खड़ा है?" कोई दौड़ते-दौड़ते पीछे मुड़कर हवा में गोलियाँ दाग रहा था, कोई प्रधान सेनापति के घोड़े को ही चाबुक मार रहा था।

"रोको इन कमबख्तों को!" भागते सिपाहियों की ओर इशारा करते हुए प्रधान सेनापति उखड़ती आवाज में चिल्लाए। पर ऐन उसी क्षण सनसनाती गोलियां चिड़ियों के झुंड की तरह बगल से गुजरीं।

फ्रांसीसी सेना तोप बैटरी पर हमला कर रही थी, प्रधान सेनापति को देखकर उनकी दिशा में गोलिया दाग दीं। कुछ जवान ढह गए, झंडा

लिए खड़े अफसर के हाथ से झंडा छूट गया और डगमगा कर गिरने लगा, बगल में खड़े सिपाहियों की संगीनों पर थम गया।

शर्म और गुस्से से भावाभीभूत प्रिंस आंद्रेई का गला रुंध आया था, वह घोड़े से उतरकर झंडे की ओर दौड़ रहा था।

"आ गया वक्त!" झंडे का डंडा पकड़ते हुए उसके दिमाग में यह विचार कौंधा, गोलियों की सनसनाहट उसके मन में उत्साह भर रही थी। ये गोलियां प्रत्यक्षतः उसी पर चलाई जा रही थीं।

"चलो, जवानो!" बालकों की खनकती आवाज में प्रिंस आंद्रेई चिल्लाया।

"हुर्रा!" प्रिंस आंद्रेई ने हुंकारा भरा और आगे दौड़ चला, भारी झंडे को वह मुश्किल से संभाल पा रहा था।

रात्रि में उसे आवजे सुनाई दी उसने आंखें खोलीं। उसके ऊपर फिर वही ऊंचा आकाश था, तिरते बादल और भी ऊपर चले गए थे और उनके पार फैली हुई थी निस्सीम नीलिमा।

23

टालस्टॉय के ईश्वर

ईश्वर की खोज में मनुष्य सदियों से लगा है। ऋग्वेद के जमाने से लेकर तरह तरह के सवाल उसे लेकर उठते रहे हैं। कि आखिर उसका स्वरूप कैसा है? अगर वो सष्टा और नियंता है तो इस समूची सृष्टि को लेकर उसका प्रयोजन क्या है? हमारे दैनंदिन जीवन में उस पर आस्था की भूमिका क्या है? क्या वो हमारी प्रोग्राम्ड जिंदगियों के सॉफ्टवेयर का एक ऑपरेटर है, जो अपने कंप्यूटर का एक बटन दबाता है और हमारे जीवन में भारी हलचल शुरू हो जाती है। वगैरह-वगैरह। खास बात यह है कि सदियों की खोजबीन के बावजूद आज भी ईश्वर एक अस्पष्ट और अराजक अवधारणा है।

हमारे शुरुआती पूर्वजों ने ईश्वर के साकार या निराकार स्वरूप की एक कल्पना की। उनके बाद के पूर्वजों ने उस स्वरूप की आराधना की पाबंदियां निर्धारित कीं। ये पाबंदियां धीरे-धीरे धर्म का रूप लेती गईं। आज की तारीख में दुनिया भर के आस्तिक अपने-अपने धर्मों की रक्षा में जमीन आसमान एक किए हुए हैं। वे अपने ईश्वर को लेकर बेहद असुरक्षित दिखाई देते हैं। नासदीय सूक्त की स्वर्ग रचयिता सृष्टिकर्ता

ईश्वर रक्षा कर अब एक पुरानी प्रार्थना हो चुकी है, आज का आस्तिक तो खुद अपने ईश्वर की हिफाजत में जुटा हुआ है। इन तरह-तरह के आस्तिकों ने संसार भर में कोलाहल मचा रखा है। एक आस्तिक वो है जो अपने ईश्वर के लिए बम धमाके करता है, दूसरों की जान ले लेता है, दूसरा वो है जो अपने धर्मस्थल में लाउड स्पीकर लगाकर अपनी ईश्वर स्तुति से दूसरों की नींद हराम करता है, तीसरा वो है। जो अपनी धार्मिक छवि का लाभ उठाकर दुराचार में संलिप्त पाया जाता है। ऐसे में जब सीधे-साधे दुनियादार लोग धार्मिकों का ये सारा प्रपंच देखते हैं तो उनके मन में स्वाभाविक ही यह भाव उठता है—ऐसे आस्तिकों से भगवान बचाए, इनसे तो नास्तिक ही भले।

ठीक ऐसे मौके पर हमें टॉलस्टॉय के ईश्वर की याद आती है।

युद्ध और शांति, आन्ना कारेनिना जैसे उपन्यासों के लेखक टॉलस्टॉय के ईश्वर की विशेषता है कि वो मनुष्य की रैशनलिटी (तर्कप्रवणता) को बाधित नहीं करता। प्रकटतः वो एक रहस्यमय उपस्थिति है, लेकिन सच्चाई यह है कि टॉलस्टॉय के साहित्य में ईश्वर वैसा ही है जैसा उसे होना चाहिए। उनकी किताबें पढ़ते हुए प्रारंभिक पाठक को किंचित यह आश्चर्य हो सकता है कि वहां ईश्वर का बार-बार जिक्र आता है। लेकिन न तो इस ईश्वर से कुछ मांगा जाता है, न उनके पात्र उसकी पूजा पाठ करते दिखाई देते हैं, न ही उनके यहां उसके वजूद की कोई खास चर्चा दिखाई देती है। फिर यह 'निष्क्रिय' ईश्वर वहां क्यों है? इस सवाल के जवाब के लिए हमें उनके साहित्य में बहुधा प्रयुक्त होने वाले एक और शब्द पर गौर करना होगा। यह शब्द है—आत्मा। वे कहते हैं—'मैं जानता हूं कि मैं टॉलस्टॉय हूं, मेरी पत्नी है, बच्चे हैं, सफेद बाल हैं, असुंदर चेहरा है, दाढ़ी है, यह सब तो पासपोर्टों में लिखा रहता है। लेकिन आत्मा के बारे में पासपोर्टों में कुछ नहीं लिखा जाता और आत्मा के बारे में मैं केवल इतना ही जानता हूं कि वो भगवान के निकट होना चाहती है और भगवान क्या है? भगवान वो है जिसका मेरी आत्मा एक अंश है।'

यह है टॉलस्टॉय के ईश्वर की परिभाषा। वे कहते हैं—'भगवान तो केवल आस्था की ही बात है।' उनका कहना था- 'जब तक मनुष्य के

अंदर ईश्वर की ज्योति प्रकाशित नहीं होती तब तक वह केवल एक दुर्बल और दयनीय प्राणी होता है और जब यह ज्योति जगमगाने लगती है, तब मनुष्य संसार में सबसे शक्तिशाली प्राणी बन जाता है।'

कम्युनिस्ट विचारधारा से जुड़े रहे प्रसिद्ध लेखक मक्सिम गोर्की से एक बार टॉल्सटॉय ने पूछा- 'आप भगवान को क्यों नहीं मानते?'

'क्योंकि उसमें मेरी आस्था नहीं है।' गोर्की ने जवाब दिया।

'यह झूठ है'- टॉलस्टॉय बोले- 'आप स्वभाव से आस्थावान हैं और भगवान के बिना आपका काम नहीं चलेगा। बहुत जल्द ही आप यह अनुभव कर लेंगे। ...आप बहुत सी चीजों को प्यार करते हैं और प्यार का ही उग्र रूप है विश्वास और अधिक प्यार करना चाहिए, तब प्यार विश्वास में बदल जाएगा। अविश्वासी प्यार नहीं कर सकता। ऐसे लोगों की आत्मा आवारा होती है, फलहीन होती है। आप जन्म से आस्थावान हैं और अपने स्वभाव के विरुद्ध जाने में कोई तुक नहीं। आप सुंदरता की रट लगाए रहते हैं न? सुंदरता क्या है? भगवान ही उच्चतम और पूर्णतम सुंदरता है।'

टॉलस्टॉय के मुताबिक 'धर्म मनुष्य और ईश्वर के बीच के पारस्परिक संबंध की व्याख्या करता है अर्थात् यह बतलाता है कि मनुष्य संपूर्ण तत्त्व का एक अंश है। इस विधि से वह मनुष्य-जीवन का उद्देश्य निश्चित करता है और यह उद्देश्य सिवाय इसके और कुछ नहीं होता कि मनुष्य अपने अंदर के ईश्वरीय अंश की वृद्धि करे।'

टॉलस्टॉय का ईश्वर आस्था का विषय है, इसलिए उन्हें धर्म का बाहरी वितंडा एक पाखंड लगता था। अपने उपन्यास पुनरुत्थान में उन्होंने एक चर्च के दृश्य के प्रसंग से कर्मकांड और पाखंड का मखौल उड़ाया था, जिसके लिए उन्हें तत्कालीन रूसी ऑर्थोडॉक्स चर्च की नाराजगी का सामना भी करना पड़ा। उन्हें चर्च की सदस्यता से बेदखल कर दिया गया। लेकिन इससे उनके विचारों और लेखन की गति पर कोई फर्क नहीं पड़ा।

अगर हम टॉलस्टॉय की रचनाओं और जीवन को देखें तो वहां सर्वत्र एक बेचैनी दिखाई देती है। वे जीवन की सादगी, उसकी सहजता और

कर्मठता, उसके भोलेपन, उसके प्राकृतिक सौंदर्य के बरक्स चारों ओर फैले झूठ और नकलीपन को लेकर बेचैन दिखाई देते हैं। वे इसका समाधान खोजते हैं और युद्ध और हिंसा के विरोध में आवाज उठाते हैं। वे किसानों के शोषण को समाप्त करने के रास्तों की तलाश करते हैं और उनकी यह तलाश कभी खत्म नहीं होती, जैसे उनकी बेचैनी। देश, दुनिया, जीवन के प्रश्नों से जुड़ी उनकी अनंत बेचैनी किसी ईश्वरीय अध्यात्म में जाकर शांति का रास्ता नहीं चुन पाती। उनकी ईश्वरीय आस्था उन्हें कोई शॉर्टकट मुहैया नहीं करा पाती, क्योंकि उनके प्रश्नों के लिए वैसा शॉर्टकट कभी था ही नहीं, क्योंकि टॉलस्टॉय निजी शांति नहीं संसार की शांति के प्रश्न से जूझ रहे थे, क्योंकि इस ऊबड़-खाबड़ संसार की गुत्थी को सुलझाने में ईश्वर उनका आलंब जरूर था, लेकिन वह उनके जैसे रैशनलिस्ट की कोई प्रत्यक्ष मदद नहीं कर सकता था। माना जाता है कि टॉलस्टॉय अपनी तर्कप्रवणता में जीवन भर जीवन की अंतर्भूत तर्कहीनता से ही जूझते रहे। वह अंतर्भूत तर्कहीनता जो इस संसार की संरचना का अपरिहार्य नियम और अवयव है और उनकी मृत्यु के बाद के दशकों में कम्युनिस्टों ने भी जिससे अपनी तरह से जूझने की एक कोशिश की। इस जद्दोजहद ने टॉलस्टॉय को तो निरंतर बेचैन रखा, लेकिन संसार को उनके विचारों और साहित्य के रूप में बहुत कुछ दिया।

24

'लिटिल गर्ल्स वाइजर देन मैन' (वयस्कों से अधिक समझदार छोटी लड़कियां)

विश्व प्रसिद्ध रूसी लेखक लियो टॉलस्टॉय अपनी दो महान रचनाओं- 'वॉर एंड पीस' (युद्ध व शांति) व 'एना करेनिना' के लिए विशेष रूप से जाने जाते हैं। ये दोनों ही रचनाएं आज भी काल्पनिक साहित्य की सबसे बेहतरीन कृतियों में से एक हैं, लेकिन उनके द्वारा लिखित लघु-कथाओं को उतनी अंतर्राष्ट्रीय ख्याति नहीं मिल सकी थी।

ये लघु-कथाएं पाठकों का मनोरंजन तो करती ही हैं, साथ ही इनमें रूसी किसानों की जिन्दगी की झलक भी देखने को मिलती है। इन लघु कथाओं के माध्यम से हमें इस क्षेत्र के वासियों की जिन्दगी के बारे में पता भी चलता है।

यह कहानी दो छोटी लड़कियों के इर्द-गिर्द घूमती है, जो एक कीचड़ से भरे तालाब के किनारे खेलती हैं। दोनों ने ही नई फ्रॉक पहनी हुई हैं। अचानक खेलते-खेलते एक लड़की की फ्रॉक गंदी हो जाती है। इस बात पर दोनों के बीच लड़ाई होने लगती है और वे अपनी-अपनी मां के पास समस्या लेकर पहुंच जाती हैं। दोनों मां भी इस बात पर बहस करने लगती हैं कि आखिर गलती किसकी है।

लड़ाई बहुत बढ़ जाती है और पास के कुछ किसान भी उसमें शामिल हो जाते हैं। इस तरह हर इंसान किसी न किसी बात पर आपस में लड़ने लगता है। इस सब के बीच दोनों छोटी लड़कियां वापस तालाब के पास खेलने चली जाती हैं।

कहानी कुछ इस तरह समाप्त होती है, जब दोनों मां सभी लोगों से निवेदन करती हैं कि वे छोटी समझदार लड़कियों से कुछ सीखें, जिन्हें समझ में आ गया कि लड़ाई का कोई औचित्य नहीं है।

25

वॉट मेन लिव बाय' (इंसान किसके सहारे जीते हैं)

यह कहानी एक मोची और उसके परिवार की है। एक दिन घर वापस जाते हुए उसे एक बुजुर्ग व्यक्ति बहुत बुरी दशा में सड़क के किनारे बैठा दिखाई देता है। मोची उसे नजरअंदाज करने की कोशिश करता है, लेकिन उसका दिल पसीज जाता है। वह बुजुर्ग को अपना गर्म कोट देता है और उसे अपने घर ले जाता है। घर पहुंचकर पत्नी से थोड़ी लड़ाई के बाद वह उसे यह समझाने में सफल हो जाता है कि बूढ़े व्यक्ति को मदद की जरूरत है। वह बूढ़ा आदमी मोची के परिवार में कई वर्षों तक रहता है और उसके निर्देशन में जूते बनाने में सहायता करता है।

कुछ अजीब सी घटनाओं के बाद एक दिन मोची को अहसास होता है कि वह बूढ़ा कोई साधारण इंसान नहीं है। पूछे जाने पर बूढ़ा बताता

है कि वह भगवान का दूत है, जिसे धरती पर एक औरत की जान लेने भेजा गया था।

जब उस औरत ने जान की भीख मांगते हुए बताया कि उसके बच्चों का ध्यान रखने के लिए दुनिया में कोई नहीं है तो दूत ने उसे जिन्दा ही छोड़ दिया।

दूत के अवज्ञा से क्रोधित हो भगवान ने उसे धरती पर तीन प्रश्नों के उत्तर खोजने छोड़ दिया था। बुजुर्ग मोची को समझाता है कि-मनुष्य में जो वास करता है वह प्रेम है। जो मनुष्य को नहीं दिया जाता, वह है अपनी जरूरतों का ज्ञान।

भले ही सामने वाला व्यक्ति परिचित हो या अपरिचित, सभी इंसान एक-दूसरे की देखभाल नहीं, अपितु प्यार के सहारे जीते हैं। वह प्रेम ही है, केवल प्रेम जिसके सहारे मनुष्य जीते हैं।

26

'हाऊ मच लैंड डज अ मैन नीड' (आखिर एक इंसान को कितनी जमीन की आवश्यकता होती है?)

यह कहानी काफी अनोखी है। कहानी एक लालची किसान और शैतान की बातचीत के आस पास घूमती है। किसान जब अपने परिवार को खेत के लिए लड़ता देखता है, तो एकाएक ही उसके मुंह से निकल जाता है कि अगर उसके पास सारी जमीन होती तो उसे शैतान का भी कोई डर नहीं होता। किसान को पता नहीं था कि उस समय शैतान उसकी सारी बातें सुन रहा था।

शैतान उसे किसान की चुनौती के रूप में स्वीकार कर लेता है। फिर वह किसान को बताता है कि वह उसे सब कुछ देगा, जो उसे चाहिए,

साथ ही उसका सब कुछ छीन भी लेगा। इसके बाद तो किसान की जैसे किस्मत ही चमक जाती है और अच्छी कमाई होने लगती है।

आखिरकार वह एक ऐसी जगह पहुंचता है, जहां एक परिवार उसे बहुत कम दाम में उतनी जमीन देने का वादा करता है, जितनी दूरी किसान सूर्यास्त से पहले अपने पैरों पर तय कर पाएगा। उस रात किसान ने सपने में देखा कि वह शैतान के पैरों में मृत पड़ा हुआ है और शैतान उस पर लागातार हंस रहा है।

जब वह सवेरे उठता है तो परिवार का प्रस्ताव स्वीकार कर ज्यादा से ज्यादा दूरी अपने पैरों पर तय करने की कोशिश करता है। जब सूर्यास्त होने लगता है तो किसान को अहसास होता है कि उसे जमीन पर अधिकार करने के लिए वापस उसी स्थान पर जाना होगा, जहां से उसने शुरुआत की थी।

किसान दौड़ता हुआ वापस पहुंचता है और शर्त के अनुसार परिवार उसे जमीन देने को तैयार हो जाता है। लेकिन थकावट के कारण शीघ्र ही किसान की मृत्यु हो जाती है।

कहानी के अंत में किसान के नौकर उसे एक साधारण सी कब्र में दफनाते दिखाई देते हैं। यह आखिरी दृश्य कहानी के शीर्षक के माध्यम से पाठकों को व्यंग्यात्मक संदेश देता है।

27

'अ टाइनी स्पार्क कैन बर्न द हाऊस' (एक छोटी सी चिंगारी भी घर को जला सकती है)

कहानी दो परिवारों के बारे में है, जो शांतिप्रिय पड़ोसी हैं। एक दिन उनमें से एक घर से उड़कर एक मुर्गी दूसरे घर में चली जाती है और अंडे दे देती है। जब उस दूसरे घर की लड़की अंडे उठाने जाती है, तो दोनों परिवारों के बीच बहस शुरू हो जाती है।

यह मतभेद दोनों परिवारों के बच्चों द्वारा 6 सालों तक बरकरार रहता है। यह विवाद कोर्ट तक पहुंच जाता है। एक समय गुस्से में एक परिवार की लड़की दूसरे घर में आग लगा देती है, लेकिन पड़ोस में होने के कारण आग दोनों घरों में फैल जाती है। घर जल जाता है और दोनों परिवारों में से एक के मुखिया की मृत्यु हो जाती है।

28

अनमोल वचन

अगर तुम खुश रहना चाहते हो तो रहो।

***

हर कोई दुनिया बदलना चाहता है, लेकिन कोई खुद को बदलने की नहीं सोचता है।

***

दो सबसे महान योद्धा हैं धैर्य और समय।

***

संगीत भावनाओं का शॉर्टहैण्ड है।

***

सभी खुशहाल परिवार एक दुसरे से मिलते जुलते हैं, हर एक नाखुश परिवार अपने ही किसी कारण से नाखुश है।

***

कितना अजीब भ्रम है ये मानना कि सुन्दरता अच्छाई है।

***

सभी कुछ, हर एक चीज जो मैं समझता हूँ, मैं सिर्फ इसलिए समझता हूँ क्योंकि मैं प्रेम करता हूँ।

***

वहां कोई महानता नहीं है जहाँ सादगी, अच्छाई और सच्चाई नहीं है।

***

उसके पास सबकुछ आता है जो जानता है कि इंतजार कैसे करना है।

***

महान चीजें हमेशा सरल और विनम्र होती हैं।

***

हम हमेशा सोचते हैं कि वे हमसे इसलिए प्यार करते हैं क्योंकि हम अच्छे हैं, लेकिन हम कभी ये नहीं समझते कि जो हमसे प्यार करते हैं वे अच्छे हैं।

***

प्रेम जीवन है।

***

जब आप किसी को प्यार करते हैं, तो आप उन्हें ऐसे प्यार करते हैं जैसे वे हैं ना कि जैसा आप चाहते हैं कि वे हों।

***

हम हार गए क्योंकि हमने खुद से कहा कि हम हार गए।

***

सबसे महान सत्य सरल होते हैं।

***

सच, सोने की तरह, अपनी उपज से नहीं प्राप्त होता है, बल्कि उससे हर वो चीज जो सोना नहीं है साफ करके प्राप्त होता है।

***

प्रसन्नता की पहली शर्तों में से एक है कि मनुष्य और प्रकृति के बीच का सम्बन्ध नहीं टूटना चाहिए।

***

हर आदमी और औरत का पेशा और लोगों की सेवा करना है।

***

गलती को कभी गलती से ठीक नहीं किया जा सकता और बुराई का अंत बुराई से नहीं हो सकता है।

***

खुशी बाहरी चीजों पर निर्भर नहीं करती, बल्कि हम जैसे उन्हें देखते हैं इसपर निर्भर करती है।

***

केवल एक ही समय है जो जरूरी है और वो है–अब!

***

गलत गलत होना बंद नहीं हो जाता क्योंकि ज्यादातर लोग उसे मानते हैं।

***

कोई इस दुनिया में शानदार तरीके से रह सकता है यदि वो जानता है कि काम कैसे करना है और प्यार कैसे करना है।

***

***

खुशी के क्षणों को कैद कर लो, प्यार करो और प्यार करने दो! इस दुनिया में यही एक वास्तविकता है, बाकी सब कुछ मूर्खता है।

***

शुद्ध और पूर्ण दुःख उतना ही असंभव है जितना कि शुद्ध और पूर्ण आनन्द।

***

आर्ट कोई हेंडीक्राफ्ट नहीं है, ये उस अनुभव का प्रसारण है जिसे कलाकार ने महसूस किया है।

***

सत्ता पाने और रखने के लिए, एक इंसान को उसे चाहना होगा।

***

एक इंसान खाने के लिए जानवरों को मारे बिना भी जी सकता है और स्वस्थ रह सकता है, इसलिए, अगर वो मीट खाता है तो वो बस अपने पेट के लिए जानवरों का जीवन लेता है, और ऐसा करना अनैतिक है।

***

यदि कोई व्यक्ति एक धार्मिक जीवन की महत्वाकांक्षा रखता है तो उसका पहला संयम जानवरों को चोट ना पहुंचाना होना चाहिए।

***

किसी गणितज्ञ ने कहा है–'मजा सच खोजने में नहीं, बल्कि उसे खोजने का प्रयास करने में है।

***

कला के महान काम सिर्फ इसलिए महान हैं क्योंकि वे सभी की पहुँच में और समझ में आने वाले हैं।

***

वास्तविक कला को एक प्रेम करने वाले पति की पत्नी की तरह गहनों की जरुरत नहीं होती. लेकिन एक जाली कला को एक वेश्या की तरह हेमशा सजे रहना होता है।

***

कला ज्ञान का उच्चतम साधन है।

***

सुन्दरता का विचार हर एक चीज का मूल विचार है।

***

जीवन सबकुछ है. जीवन ईश्वर है. हर चीज बदलती है और वो गति भगवान है. और जब तक जीवन है तब तक परमात्मा की चेतना में आनंद है. जीवन को प्रेम करना ईश्वर को प्रेम करना है।

***

हर एक कमाई जो उसके लिए की गयी मेहनत के अनुरूप नहीं है, बेईमानी है।

***

भगवान के नाम पर, एक क्षण रुको, अपना काम बंद करो, अपने चारों ओर देखो।

***

हर एक हिंसा कुछ लोगों द्वारा औरों को पीड़ा या मृत्यु के भय से वो करने के लिए मजबूर करना है जो वो नहीं करना चाहते हैं।

***

बसंत ऋतु स्प्रिंग योजनाओं और परियोजनाओं का समय है।

***

***

आदर का आविष्कार किया गया था उस खाली जगह को भरने के लिए जहाँ प्यार होना चाहिए था।

***

समय के साथ बुराई उससे भी बदतर हो जाती है जिसे उसके द्वारा नियंत्रित करने की कल्पना की गयी थी।

***

सबसे अच्छे, सबसे दोस्ताने और सबसे सरल संबंधों में खुशामदी या प्रशंसा जरूरी है, ठीक वैसे ही जैसे पहियों के घूमते रहने के लिए ग्रीस जरूरी है।

***

सभी राजा इतिहास के गुलाम हैं।

***

अगर अपने कनसाइंस को कम करने का कोई बाहरी माध्यम नहीं होता तो आधे लोग फौरन खुद को गोली मार लेते, क्योंकि अपने विवेक के विरुद्ध जीना सबसे असहनीय स्थिति है और हमारे समय के सभी लोग ऐसी ही स्थिति में हैं।

***

बिना ये जाने कि मैं क्या हूँ और मैं यहाँ क्यों हूँ, जीवन असंभव है।

***

हमारा शरीर जीने की एक मशीन है. यह इसी के लिए संयोजित किया गया है, यही इसकी प्रकृति है. इसमें जीवन को बिना बाधित हुए जाने दीजिये और इसे अपनी रक्षा करने दीजिये।

***

जब छोटे बदलाव होते हैं तब सच्चा जीवन जिया जाता है।

□□□